入社1年目の心得

PRINCIPLE
OF NEW EMPLOYEES

プラス・ドライブ株式会社 代表取締役
原 マサヒコ

SOGO HOREI PUBLISHING CO., LTD

はじめに

「入社１年目の中でも、お前が一番使えないな」

社会に出て１年目、私は先輩から厳しい言葉を投げかけられました。確かに、同期の中で最も学歴は低く、仕事も遅い。言われても仕方のない状況だったと思います。

それから心を新たに仕事に取り組み、社会に出てから25年が経ちました。現在は会社を経営する傍ら、書籍を執筆したり、講演活動をしています。最近では中国や韓国などからも講演依頼をいただき、活動の場を世界にも広げています。

そんな私が今から社会に出る皆さんに意識していただきたいと思うのは、現代は「ＶＵＣＡ《ブーカ》」の時代だということです。ＶＵＣＡの時代、入社１年目で何をし、何を考えるかが「これからの時代」を生きるカギになります。

ＶＵＣＡとは、次の４つの単語の頭文字を並べたものです。

・Volatility（変動性）
・Uncertainty（不確実性）
・Complexity（複雑性）
・Ambiguity（曖昧《あいまい》性）

これらはつまり、ひと言で言うならば「予測不能な状態」を意味しています。
「Volatility」というのは、テクノロジーの変化が挙げられるでしょう。昔は仕事というと机に向かって書類を書くようなことばかりでしたが、今やインターネットの時代。会社にいなくても、どこでも仕事はできるようになってきました。ネットの普及によって働き方も変わり、SNSによってビジネスはもとより消費者の動きも激変しています。

そして、グローバル化する世界は「Uncertainty」に包まれています。私たちの社会では、戦争や自然災害、気候の変化など、先の読めないことがたくさんあります。「未来がどうなっていくのか」と予測することは、非常に困難な状況と言えるでしょう。

また、個人や組織のビジネス課題や業務は高度化・複雑化しており、まさに「Complexity」を増しています。昔のように大量にモノを作っていれば社会が右肩上がりに成長していくような時代ではありません。インターネットの普及に伴って画期的なサービスが次々と生まれる中、法整備が追いついていない部分も多々あり、様々な課題が発生しています。

そして、モノ作りの例もそうですが「過去の成功例」というものはまったく通用しなくなっており、ビジネスの世界では「Ambiguity」が高まっています。長期的な予測だけでなく、短期的な予測ですら難しくなりつつあるのが現状なのです。

世界がそんな「VUCA」の時代に突入しつつある中、皆さんは社会に出ていくわけです。その時に重要なのが、最初の一歩、つまり入社1年目の今です。ここで働き方や思考を間違えてしまうと、あとで取り返しがつかなくなってしまいます。今だからこそ知っておいてほしいことをこの本では凝縮して詰め込みました。

私自身、社会に出てから25年目を迎えますが、1年目から大きな変化を遂げた一人です。始めは大手自動車会社に入り、自動車整備士としてキャリアをスタートさせました。そのあと、大手IT企業に転身します。自動車業界からIT業界へキャリアチェンジです。

急成長するIT業界を全身で感じながら、インターネットベンチャーにも転身しました。始発から終電まで働いて、ありとあらゆる仕事をこなしました。働きすぎて病気になってしまう寸前までいき、自分の限界を知ることにもなりました。

その後、反動から1年間のニートも経験しました。そして大手人材会社に移ると、マーケティングの仕事を担当。ここで自分の適性をようやく知ることになります。そして、社会に出てから20年目を越えたところでフリーランスとして働くようになり、2年が経ってから会社を経営することとなりました。

まさに、自分自身が「変動」しながら「不確実」な業界や「複雑」な働き方を経験し、今は「曖昧」なビジネス環境に乗り出しているという、まるで『一人VUCA』な状態を経験してきたように思います。そんな私だからこそ、これから先の働き方について皆さんに伝えたいのは、「入社1年目がカギ」だということです。

入社1年目に、昔から脈々と続いているような「マナー研修」を受け、お辞儀や名刺交換の練習を何度もくり返している場合ではありません。これからの時代に必要な「入社1年目の心得」というのは、まったくもってそんなことではないのです。

それでは、これからの時代を生き抜くために重要な「入社1年目の心得」を、じっくりとお伝えしていくことにしましょう。

目次

第2章

仕事を面白くするための10のツボ

第3章 人間関係を上手くやる11のポイント

第4章 壁にぶつかった時に意識したい9つのコツ

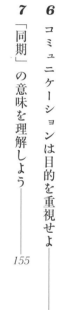

第5章 新しい価値観をインストールする11の奥義

第6章

将来を見据えて考えておきたい8つのこと

装丁　大口太郎
本文デザイン　和全(Studio Wazen)
DTP　横内俊彦
校正　矢島規男

第1章

働く前に知っておきたい
7つのこと

労働なくしては、人生はことごとく腐ってしまう。
だが、魂なき労働は、人生を窒息死させてしまう。

アルベール・カミュ（作家）

1

アルバイトやインターンとの大きな違いは何か

❖「アルバイト」との違い

学生時代、何かアルバイトをやってきた人も多いのではないでしょうか。私も学生時代は車が好きだったので、ガソリンスタンドでアルバイトをしていました。ガソリンスタンドでアルバイトをすることで、自分の車のガソリンを少し安く入れられるというのが一番の狙いでした。ほかにもガソリンスタンドを選んだ理由を挙げるとするならば、「時給がなるべく良いところ」と「家からなるべく近いところ」でした。ほかに欲を言うと、アルバイトが終わってから自分の車をイジれるとか、夜遅くまで働けるとか、シフトにどれだけ入れそうかとか、そういったレベルです。ほかのバイトの子に聞いても同じようなことを言っていましたし、女の子に聞いてみると「制服がかわいい」とか、「綺麗な女子更衣室がある」とかそういった理由で選んでいるようでした。

しかし、社会人になって仕事をするというのはアルバイトとは大きく違います。いわゆる「お仕事」をして「お金を稼ぐ」という意味で、「同じようなものだ」と考えている人が多いのですが、まったく違います。単に契約形態がアルバイトか正社員かという違いでもありません。会社に所属して仕事をするというのは、考え方としてまったく違うものなのだということをまずは理解しなければいけません。

この本ではそういったことを書き連ねていくわけですが、まず何がまったく違うのかを真っ先に書くとするならば、**「プロとして自らのコンディションを整える」**ということです。例えば今まで部活でサッカーをやってきたとします。部活なので、たまに「休みたいな」と思うことがあれば休めたと思います。もちろん、試合に出る時もあるでしょうが、体調が悪い時は代わってもらったりもするでしょう。しかし、これがプロのサッカー選手だったらどうでしょうか。「風邪をひいたから休みます」と言っていては、当然ながら試合に出られません。試合に出られなければ結果を残せませんので、年俸は下がってしまいます。挙句の果てには契約解消にもなってしまうでしょう。

試合に出たい人はほかにもいますし、プロになりたい人も山ほどいます。だから、試合に出て良い結果を出すために、自らのコンディションを整えるのは当たり前のことです。食事に気を使い、休みの日でも練習をするでしょう。ドキュメンタリー番組などでプロの選手がそういった振る舞いをしているのを見たことがある人も多いのではないでしょうか。

この点が、社会人もまったく同じであると言っているのです。試合開始のホイッスルが鳴ったら全力で走っていくように、**始業時間から終業時間まで、ずっとパフォーマンスを発揮できなければなりません**。そのために、試合に向けてベストなコンディションを維持する。だとすれば、風邪をひかないのはもちろんのこと、飲みすぎで二日酔いだとか、夜更かしをして眠いだとか、そんなことを言うのは「プロ」ではありません。

そうは言っても、「できていない人は多いじゃないか」と思うでしょう。電車に乗ればうなだれてイビキをかいているビジネスパーソンがあちらこちらにいます。二日酔いで頭が痛いと言っている課長もいるでしょう。そうなんです。だからこそ、この基本が徹底できる人は強いのです。それだけで大きな違いを見せつけることができます。

❖「インターン」との違い

そしてもうひとつ、「インターン」と呼ばれるインターンシップ制度を経験した人もいるかも知れません。インターンは、企業側が学生に就業体験の場と機会を提供して、そこに学生が参加する制度です。5日間から長くて1カ月くらいの期間がありますが、インターンを経験したからといって「会社で働いたことがある」という感覚になってはいけません。

会社としても、正社員でなければ機密情報を見せるわけにもいかないので、重要な仕事などは任せられません。ですから、仕事の内容についてざっくりと伝えたり、社員がどんな気持ちで働いているかをフワッと理解してもらうようなプログラムを用意していたりします。つまり、実際の「仕事」ではありません。
インターンの目的はマッチングです。会社の雰囲気を少しでも知ってもらい、入社してから「思っていたのと違う」とギャップを感じてしまわないようにするものです。入社してすぐに辞められてしまうと、会社側としては採用活動に時間とお金をかけていますから大きなロスになってしまいます。

実際に会社に入って社員がやるべきことは**「成果を出す」**ということです。会社というのは継続的に事業をして、存在していかなければなりません。そのためには、利益を出し続けなければ潰れてしまいます。しかし、インターン生にそこまでの成果は求めません。目的はマッチングだからです。試しに働いてみるのと実際に働くのでは、「目的」が違うわけですから、そこで「働いた気」にならないようにしなければいけないのです。

2 仕事とは価値を提供すること

❖仕事に正解はない

皆さんがこれまでに受けてきた義務教育は小学校から始まり、人によっては大学にも通い、社会に出るまでの間ずっと「勉強」を頑張ってきたかと思います。それぞれの学校で授業を受けて様々なことを学び、試験を受ける。そして、その試験で正解を見つけ出し、正解率が高ければ合格となり、低ければ不合格にもなったでしょう。ですから、皆さんは多くの正解を出すための勉強をしてきたわけです。しかし、仕事をするうえでこれまでと大きく異なるのは、**「仕事には正解がない」**ということです。

もちろん、最初に上司は仕事を教えてくれます。しっかりとした新人教育をしてくれる会社もあるでしょう。しかし、そこで教わったことだけやっていれば良いということではありません。もっと言えば、**上司が教えてくれることや研修で教わる仕事のやり方が必ずしも正解だというわけではない**のです。あくまで、「今まではこうやってきた」というひとつの例でしかありません。その点はしっかりと意識しておく必要があるでしょう。

❖「守」「破」「離」の段階

剣道や茶道などの世界では、昔から修業における段階を示した**「守破離《しゅはり》」**という言葉があります。「守」は、師や流派の教え、型、技を忠実に守って確実に身につける段階のこと。「破」は、ほかの師や流派の教えについても考え、良いものを取り入れ、心技を発展させる段階のこと。「離」は、ひとつの流派から離れ、独自の新しいものを生み出し確立する段階のことを指しています。仕事を始める際に教わることはまさに「守」なので、しっかりと身につける必要があります。ただ、それがすべてではありません。「破」もあれば「離」もあるのですから。

仕事を覚えてある程度の時間が経つと、上司によっては「どうしたら良いと思う?」と聞いてくる人もいるでしょう。そうすると思わず、「そんなのわかりません。教えてくださいよ」と聞き返したくなるかも知れません。しかし、それはつまり「守」の次を求められているのです。**仕事とはそうやって段階を踏んでステップアップしていくもの**なのです。

大学受験のように「正解」があって、その正解を当て続けていけば勝手に出世して潤っていく世界ではありません。正解だけを当てていくのであれば、誰もがとっくに正解を導き出して、全員がお金を儲けているはずで何の苦労もいりません。「守」をしっかりと身につけ、「破」で自らを磨きながら「離」の段階で正解のない答えを求めつつ、その時々に最適だと思うことを試しながら多くの人は日々の仕事をしているのです。

❖仕事は、相手に価値を与えるのがゴール

もう少し整理して、学校の勉強と社会での仕事を比べてみましょう。

勉強では、問題が与えられ、はじめから正解が決まっています。しかし仕事では、先ほど書いたように正解が決まっているわけではありませんし、そもそも問題を自ら見つけてくる必要があります。**ビジネスというのは「誰かの課題」を解決して対価をいただくものです**。ですから、自ら課題を探し出して解決手段を見つけなければならない場面がたくさん出てくるのです。

また、学校の勉強ではすべての授業が時間割に沿って行われています。しかし、仕事では、始業時間や終業時間こそあれど、何にどのくらいの時間を使うのか、自ら時間配分をしていかなければなりません。そして同じ作業をするのであれば可能な限り、短い時間でやらなければいけません。

そして何といっても、勉強は試験の得点で評価されるものですが、仕事には得点制度な

どありません。もちろん、営業の仕事で数値的ノルマが課せられるかも知れません。社内の評価制度などで上司から高得点をもらわなければいけないかも知れません。しかし、それらは表面上の数値であり、そこがゴールになってしまってはいけません。目指すべきは、**いかに周囲に対して価値を提供できるか**です。つまり、上司にどれだけ「役に立つ部下だ」と思われるか。会社にとってどれだけ「有能な社員だ」と感じてもらえるか。そして、お客様にどれだけ「価値のあるサービスだ」と喜んでもらえるか。そうやって**上司や会社、お客様に価値を提供していくことで評価されていく**ものです。

勉強は、とにかく得点を高めるのがゴールでしたが、仕事は、相手に価値を与えるのがゴールだというわけです。ここのとらえ方を間違ってはいけません。

3 入社1年目の最強の武器とは

❖とにかく挨拶《あいさつ》をしよう

会社に入ってすぐは歳も一番下で、仕事も一番知らない立場で、「まだ何も力を発揮できない」と思うかも知れません。しかし、「新入社員だからこその武器」というものがあります。それは**「元気である」**ということです。皮肉な話ですが、社会に出ると多くの人が疲れてしまいます。今まで通りのやり方で仕事をしながら量ばかりをこなし、疲労してしまう。そんな中、新入社員というのはスポーツの試合で言えば途中から投入された交代選手のようにフレッシュです。ですから、**元気よく挨拶をしたり、礼儀正しくお辞儀をしたりするだけで良い**のです。

「それだけ？」「単純すぎる」と思うかも知れませんが、挨拶というのは非常に重要な動きと言えます。元気な挨拶が社内を活気づけることにつながります。会社組織にフレッシュな空気が入ってくること自体に意味があるのです。会社としても新入社員にいきなり「案件を獲得してほしい」などという無理な期待はしておらず、「職場が明るくなる」などを期待している人が多いものです。

しかし、最近は「挨拶をしない新入社員が多い」と嘆く上司が増えていると聞きます。なぜ挨拶をするという行為ができないのでしょうか。知人の若手社員などに話を聞くと「挨拶をしたところで仕事ができるようになるわけじゃないですよね」という冷めた意見をいくつか耳にしました。今の若者っぽい意見だとも思いますが、まさにそこが「違う」と言いたい部分です。**挨拶は「今すぐに結果を出すことができない新人だからこそやるべきこと」**であり、仕事にすぐに直結するわけではありませんが、巡り巡って仕事に影響してくるものなのです。ただ、中には「挨拶をしたけど無視された。怖くてもうしたくない」という人もいました。よっぽどの理由がない限り、これはその上司の責任と言えるでしょう。しかし、たとえ**無視されたとしても挨拶をし続けるというのが正しい動き**ではあるのです。

❖挨拶をすることで何が起きるか

では、挨拶がどう仕事に影響するかという例を挙げてみましょう。実際に聞いたことのある話ですが、ある企業で「エース部署」と呼ばれる部署がありました。そこにはベテランの優秀な営業パーソンたちが所属しており、成果を挙げ続けて、会社を引っ張っていくような存在の部署でした。ある時、その部署に引き抜かれた新人がいました。その新人はまだ何も成果を挙げていません。そこで引き抜きをした部署のリーダーに「なぜあの新人を引き抜いたのですか？」と聞くと、「会社のロビーでいつも元気よく挨拶をしてくれるから」ということだったのです。

ここもひとつのポイントですが、挨拶というのは同僚や直属の上司だけでなく**「誰にでも挨拶をする」**ということが重要です。自分が所属している部の部長や課長だけでなく、ほかの部課長には挨拶をしていますか？　ビルの掃除のおばさんや守衛のおじさんには挨拶をしていますか？　たまに、自分の上司にはヘコヘコするけれど、利害関係のない人にはまったく見向きもしないという人がいますが、見る人は見ています。「ああ、そういう人なんだ」と影で思われてしまうことでしょう。

昔、こんな番組がありました。社長が〝覆面清掃員〟になって自分の会社に潜入すると、優秀な社員とそうでない社員がよくわかるというものです。優秀な社員は、清掃員にもしっかり挨拶をし、誰に対しても同じように接していることがわかったというのです。子どもの頃は誰に対しても元気よく挨拶をしていたはずです。そういった姿勢を忘れることなく、オフィス内の誰にでも同じように元気よく挨拶をしていきましょう。

また、現代では「ネットで自分のことを発信することが大事だ」とよく言われます。ＳＮＳが発達していますので、Twitter 上で面白いことをやろうとしたり、著名人に絡んでいったりする人もいるでしょう。もちろん、個の時代なのでＳＮＳを駆使することは大事です。しかし、**社会人として一番大事な「発信」は、まず目の前の人にしっかりと挨拶ができること**です。どんなインフルエンサーであろうが、どんな有名人であろうが、この点は必ず押さえているはずです。

❖「当たり前」のことが一番大切

やるべきことは挨拶やお辞儀など「当たり前」のことです。つまり、ここで重要なのは「当たり前のことを当たり前のようにできるようになる」ということです。実はこういった「当たり前のこと」すらできなくなっている人が多い組織では、当たり前のことができるだけで差別化を図れます。先ほど例に挙げた「会社のロビーでいつも元気よく挨拶をしてくれるから」という理由で引き抜かれた新人など、まさにそういった例です。

いきなり息巻いて結果を残そうと背伸びするのではなく、まずは目の前の「挨拶」から徹底していくこと。これが実は一番の近道であり、**新人としての大きな武器**になります。

4 時間ぐらいは守りなさい

❖時間を守らないことは「相手の時間を奪う」こと

もうひとつ、入社1年目の武器があります。それは、**「時間を守ること」**です。これも挨拶と同じ話で、入社してすぐに数億円のビッグプロジェクトを担当することは難しくても、決められた時間までに出社することは誰にでもできるはずです。また、待ち合わせ場所に予定の時間までに必ず行くことや、決められた日までに出さなければならないものを提出するなども同じことです。冒頭で学生と社会人の違いについて書きましたが、学生時代は学校に遅れて行くこともあったでしょう。夜遅くまでゲームをしてしまい、朝起きるのが遅れて「2限目から出よう」ということもあったことでしょう。友人との待ち合わせに遅れ、待たせてしまうこともあったかもしれません。しかし、この「時間」というものに対する考え方は大きく変えなければなりません。

考えなければいけないのは、決められた時間に遅れてしまうと**「相手の時間を奪う」**ことにつながるということです。学生時代の友人同士の話であれば良いですが、ビジネスでは自分だけでなく、相手の時間にもコストがかかっています。自分が遅れることで誰かに迷惑をかけてしまうと、それだけで大きなコストの損失につながってしまいます。

しかし、企業でよく耳にするのは「今年入った新人は遅刻ばかりで困る」というような声です。これは非常にもったいないことです。なぜなら、時間を守るというある意味「ほんの小さな仕事」で既にミスを犯しているわけです。新人というのは、まず小さな仕事から徐々に試されていくものです。そこで問題がなければ段々と大きな仕事へと移行していきます。それが、少しでも時間に遅れてしまったりすると上司や先輩たちはどう思うでしょうか。きっと「この新人は、このくらいの仕事でこれだけ遅れてしまうのか。だったら、あまり大きな仕事はまだ任せられないな」と判断してしまうはずです。

一方で、なかなか大きな仕事を振ってもらえない新人は「大きな仕事が回ってこなくて雑用ばかり。全然面白くないな。転職しようかな」などと考えてしまうのです。これは大きな誤解です。**大きな仕事を任せてもらえないのは、あなたの日々の行動に原因がある**のです。

また、時間を守るといってもギリギリになってしまってはリスクを伴います。入社したばかりの頃は緊張感もあって時間をしっかり守るかも知れませんが、しばらくすると「自分の中で間に合うギリギリの時間」を見つけてしまうものです。例えば電車でも「ギリギリ始業時間に間に合う乗車時刻」を見つけ、その時間で出社するようになります。しかし、これは電車が遅延してしまうと即アウトです。地域にもよりますが、人口密度の高い都市であれば電車はよく遅れます。「遅延証明書」をもらえば良いというわけでもありません。

では、なぜ「自分の中で間に合うギリギリの時間」を見つけようとするかと言えば、家を出る直前まで寝ていたいからでしょう。しかしそうなると、家や会社でも朝ごはんを食べたり、ニュースをチェックする時間すらなくなっているわけで、これもビジネスパーソンとしてはリスクと言えます。

❖1時間以上も早く待ち合わせ場所に着くメリット

では、「理想的な時間の守り方」というのはあるのでしょうか。例えば仕事でよくあるのが「アポイント」です。待ち合わせ時間には何分前に着くのが正しいでしょうか。3分前までに間に合えば大丈夫でしょうか。ギリギリだとリスクがあると先ほど書きました。では、10分前には着いていれば安心でしょうか。

一般的には5分前くらいが多いのではないかと思いますが、私は遅くとも1時間前には行くようにしています。もちろん、その前のスケジュールにもよりますが、可能であれば2時間前や3時間前に行くこともあります。5分前に着くようにすると、スマホで乗換案内の時刻表を気にしながら時間ギリギリに会社を出ることになります。それでは、何も良いことはありません。ギリギリの行動スケジュールにしてしまうと、先ほど書いた通り、電車が少しでも遅れたらアウトですし、肝を冷やしてしまいます。タクシーだとしても、渋滞に巻き込まれる恐れがあります。遅れることを連絡するのも面倒です。

では、1時間以上も早く待ち合わせ場所に着いて何をするかと言えば、近くのカフェやベンチなどで仕事をすることが多いです。待ち合わせのギリギリまで時間を有効に使うのです。「それならオフィスを出る時間まで仕事をするのと同じじゃないか」と思うかも知れませんが、実は「時間の質」が違います。オフィスで「あと10分後には出ないと電車に間に合わない」なんて思いながら仕事をするよりも、現地に行って「あとは待ち合わせ時間までに歩いて行くだけ」という状態で仕事をするほうが、余計な心配事が少ないため、集中力も高まるのです。また、早く着いて仕事をするだけでなく、近くに書店がある場合には立ち寄って情報収集の時間にすることもできます。

時間を守るというのは大前提として、それ以上に**「時間をどう有効に使うか」**という視点を持つと、自身の成長につながるはずです。

5

資格ばかりを目指してはダメ

❖無意味な資格とは

これからの時代、私たちの仕事はＡＩ（人工知能）や機械に置き換えられるという話を耳にしたことはありませんか？　これは、２０１３年にオックスフォード大学のマイケル・Ａ・オズボーン准教授が書いた論文『雇用の未来』をきっかけに世界中で騒がれるようになったと言われています。そのオズボーン先生が来日された際、私も講演に参加してお話を聴く機会がありました。すると、論文『雇用の未来』を書いて以降もＡＩやロボットは進化しており、アメリカだけでなく中国など世界各国で「置き換え」は進んでいるという話が出ました。その中でも印象的だったのが「資格を取ってやるような仕事は、特に機械に置き換わります」という話です。

皆さんの中にも「会社に入ったら何か資格を取って活躍したい」という人もいると思いますが、資格というもののとらえ方を見直す必要があるかも知れません。特に「将来のために資格を取っておこう」と好きでもない勉強をする人をよく見かけますが、いずれその資格に匹敵するような知識や力を提供するＡＩが誕生するはずです。ですから、**好きでもない資格取得のための勉強であれば、やらないほうが良い**のです。

私もこれまでいくつもの資格を取得してきましたが、仕事で役に立つものもあれば、思いのほか役に立たないものもありました。結局、資格というのはあくまでひとつのバロメーターであり、資格を取ることをゴールにしてはいけません。**資格というのは何かをするための手段であり、目的ではない**のです。資格を取ろうとする人の多くは、つまるところ自分を型にはめて安心したいだけなのではないかと思います。

❖意味のある資格とは

これは学歴でも同じことが言えると思います。就きたい職業に就くため、社会に出てやりたいことをやるために大学で勉強をするわけですが、大学に入学することや大学を卒業することが目的になってしまうと、社会に出てから何もできなくなってしまいます。

資格にしても、その資格を取ることでお客様への説得力が増して営業活動に拍車がかかるとか、その資格を取ることで担当できる業務が増えて成長するなど、仕事で成果を出すための手段として資格があるならば良いと思います。しかし、「将来が不安だから何か資格を取らなきゃ」とか「持っている資格の数を増やしたいから次は何を取得しようか」などと考えて資格を取るのはハッキリ言って意味がありません。

ただし、すべての資格がダメだというわけではなく、次のような場合には資格を取る意味もあるのではないかと考えます。

・効果的に学習する必要がある場合

仕事で必要に迫られ、何らかのジャンルを学ばなければならないという時。資格試験というのは特定のジャンルの方法が体系的にまとめられているので、資格を取ることが即ちその分野の勉強を効率良くできるという側面もあります。

・やりたいことを意思表示する場合

自分の興味のある分野でかつ会社の別部署や別チームがその業務を行っているという場合、そこに異動するための意思表示として資格を取ることはよくあるパターンです。これは転職なども同様で、未経験の分野に挑戦する場合でもただ「やってみたい」という人より、「経験はありませんが、資格を取りました」という人のほうが採用されやすいのは一目瞭然だと思います。これは、きっかけを掴むために努力を重ねてきた「努力の証明書」とでも言えるかも知れません。

・やってきたことへの棚卸の場合

仕事で様々なことを経験し、ひと通りの知識を得たという時に、それらを総括する意味合いで資格を取るというのもアリかも知れません。例えばプログラマーがPython《パイソン》という言語を覚え、システムを構築し、安定的に運用するところまでいった時、Pythonという言語の総括としてPythonエンジニア認定試験を受ける、などです。

資格というのは、取得しても何の影響力もないものもあります。それは資格試験の受験料で儲けようとする利権が絡んだ話だったりもするのですが、そういったもので時間やお金を無駄に消費してほしくないと思います。長い人生を踏まえて資格取得を選ぶことがベストであればそれを目指すのは良いと思いますが、「資格さえ持っておけばとりあえず安心」と考えてしまうことのないようにしてほしいものです。

もし取りたい資格がない場合には、自分が得意だと思うものや好きなことに注力したほうが良いと思います。10年後、20年後などを視野に入れた長期的な視点で、自分の人生を最適にするためにはどうすれば良いかを考えて目の前の時間を使っていきましょう。

6

「習慣化」こそが最強のソリューション

❖習慣とは

入社してまず「自らの能力を高めて成長していきたい」と考えるのであれば、〝最強のソリューション〟は何かというと**「習慣化」**です。習慣というのは改めて何なのかを考えると、**これまでの記憶の積み重ねによって「当たり前」の状態になること**です。例えば「夜、寝る前に歯を磨く」という行為は、毎晩のように「これから歯を磨かないと虫歯になって痛みに苦しんでしまい大変だ」などと考えて行動に移すのではなく、自然に「さあ、磨くか」と体が動いていると思います。これはつまり、子どもの頃から親に言われて歯磨きをするようになったり、時に虫歯になり痛い思いを経験したことで「歯を磨く」という行為が習慣化されていったわけです。

この習慣化というのは薬にも毒にもなります。皆さんはダイエットの経験があるでしょうか。甘いものが大好きな人は毎日のように甘いものを食べることが習慣となり、気がつくと体重が増えていたり、病気にかかりやすくなったりします。逆に、走ることが大好きで毎日ランニングをする習慣がある人は、理想の体重を維持して健康的にすごします。

これは仕事も同じことなのです。私たちが仕事で発揮する日々のパフォーマンスに影響するのは、つまるところ「習慣」なのです。**ある日突然、何か大きな成果を出せるということはまずありえません。それまでの日々の習慣があるからこそ、ここぞという時に大きな力を発揮することができる**のです。ですから、我々が意識しなければいけないのは日々の習慣として何をするかなのです。

❖習慣化する3つのメリット

では、仕事に影響する日々の習慣は何かと言えば、仕事に関連する本を読むとか、仕事に関係する勉強をするとか、仕事に備えて体調を万全にするなどといったことです。習慣化するということは、言い換えれば**「外的な要因に左右されることなく自分を貫く」**ということでもあります。自分で決めたことを他者から影響を受けることなく、淡々と続けていく。そうすることで大きなメリットが得られるのです。習慣化による大きなメリットを3つ挙げてみましょう。

①行動するための労力を必要としなくなる

「習慣化」されると、その行為は生活リズムに組み込まれ、自然と行われるようになります。すると、その行為の際に「重い腰を上げる」というひと手間が省かれるため、行動が効率化され、労力を抑えることにつながるのです。

②気づくと目標達成に近づいており、自信につながる

「習慣化」された行動が何らかの目標とリンクしている場合、労力を抑えながら目標に近づいていくことになります。そして、自然に行動を継続させていくことによって成果が可視化されていくと、自信にもつながっていくのです。

③自分の軸が明確になることで、自らを客観視できるようになる

「習慣化」されると、外的な要因に左右されることなく、自分を貫くことができます。そうすると、「自分はこれをやるんだ」という軸が明確になるため、その軸からぶれていないか自分の状態の良し悪しに気づきやすくなります。つまり、自らを客観視することができるので、どんな時でもベストパフォーマンスを出すための指標になります。

❖習慣の身につけ方

習慣化のメリットがわかったところで、どうやってその習慣を身につければ良いでしょうか。次に「誰でもできる3つのポイント」を挙げてみましょう。

・**周囲に宣言する**

「習慣化させるぞ」と始めは息巻いていても、時間の経過とともに熱も冷めてしまい、手を止めてしまう人も多いでしょう。まずは始めの勢いを維持するためにも、習慣化したい行動がある場合は、具体的に周囲に宣言してしまうのはどうでしょうか。TwitterやFacebookなどのＳＮＳで発信したり、同期や友人と継続を競ってみるなど、自分以外の誰かを巻き込んでしまうのも有効な手段と言えます。

・**少しずつ取り組む**

例えば「1日1冊本を読むことを習慣にするぞ」と言っても、それまで本を読む習慣がなければ難しいでしょう。人間の脳というのはもともと大きな変化に対して拒否反応を起こすようにできていると言われています。ですから、いきなり読み慣れない本を1冊読もうとしても、脳が拒否反応を示してしまい習慣化できません。読書の習慣をつけたいのであれば「まずは1日10ページ読もう」などと少しずつ取り組むようにして、脳を慣らしていくのが理想だと言えます。

・仕組みを作って定着を図る

例えば毎日のランニングを習慣化したい場合、「まず意識をし、続いて行動を促し、そして報酬を与える」といった一連の流れを「仕組み」として設けることも習慣化には有効です。意識というのは、手帳に「19時からランニング」などと書いておき、意識できるようにしておくこと。そして19時になったらスマホのアラームが振動し、ランニングの時間であることを促してくること。そして走り終わったら、好きなテレビ番組を観るなどの報酬を用意しておく。そういった一連の「仕組み」を作ることで習慣化に近づくはずです。

行動が習慣化されるためには平均で66日ほどかかると言われています。習慣化を目指すのであれば、前記のポイントなどを取り入れながら「まずは２カ月」を目指して取り組んでみてはいかがでしょうか。

7 バッターボックスに立ち バットを振れ

❖「バッターボックスに立つ」という意識を持つ

皆さんの仕事を「野球の試合」に例えるとするなら、ぜひとも打席に立ってほしいと思います。実際の野球では、打席というのが順番に回ってきます。しかし、仕事ではバッターボックスに立つことが〝挙手制〟の時が多々あります。その時に、手を挙げて進んで打席に立とうとする人もいれば、「私はいいです」と拒否し続ける人もいます。本書をお読みの皆さんは、ぜひ手を挙げて打席に立つ人になってもらいたいと思います。

もっと言えば、実際の野球の試合では均等に打席が回ってくるものではなく、代打を出されてしまうこともあれば、１試合で3回しか打席が回ってこない時もあります。ですから、プロ野球選手ですら打席に立つことは難しいのです。「私はいいです」と拒否し続けるだけでなく、「あのバッター、何で出てきたんだ」などと批判したり「あのバットの振り方はおかしい」などと野次を飛ばす人もいます。自分は打席に立ちもしないくせに、批判だけはするというのは勝手な話です。

プロ野球選手がベンチでいくら大きな声を出していても、いくら文句を言っていても、試合に出て結果を出さなければ年俸はもらえません。もちろん、会社に入った皆さんには最低の給与が支払われますので、「ベンチにいてもお金はもらえる」と思うかも知れません。しかし、会社はそんなつもりで新入社員を雇っていません。少しでも早く、率先して打席に立ってもらいたいものなのです。

皆さんもせっかく会社に入って人生の時間を仕事に費やすわけですから、進んで打席に立って真剣勝負をしたほうが良いとは思いませんか？　空振り三振になっても、**チャレンジし続けたほうが絶対にその後のキャリアにはつながります**。日本企業で問題になっているのは、チャレンジもせず、ベンチで文句を言いながら仕事を続けている人が、人の上に立ってしまった状態です。その上司が管轄している部署は当然ながら迷走し、社員はやりがいを感じられず、何も変わらないまま時間ばかりがすぎていくのです。それが平成の30年間、多くの日本の大企業の内部で起こってきたことではないかと感じています。ぜひ令和の時代に働く皆さんには、「バッターボックスに立つ」ということを意識してもらいたいものです。

❖圧倒的な量をこなすと、ある瞬間から急に質が向上する

バッターボックスに立つことで得られることは数多くありますが、ひとつに**「量質転化の法則」**が挙げられると思います。一定量をこなしていくことで質も変化するということです。つまり、**「仕事の質を高めたいと思ったら、まずは量をこなすことが大事」**というわけですが、量をこなすためにもバッターボックスに立たなければなりません。

人間はラクをしたがる生き物ですから、ラクをして仕事の質を上げていきたいと考えます。しかし、仕事で成功したいと思うのであれば、社会に出てすぐの段階ではとにかく打席に立ってがむしゃらにバットを振らないとダメです。量が質に転化するまではかなりの量が必要ですし、途中でやめてしまうと質が元に戻ってしまったりもします。圧倒的な量をこなしていくことで、ある瞬間から急に質が向上していくものなのです。

ここで大事なのは、バットに当たった時に「やった、ラッキー！」と喜んで終わりにしてしまうのではなく、**「成功を振り返る」**ということです。なぜバットに当たったのか、なぜ当てることができたのか、その理屈を正しく理解していくのです。失敗した時に「反省しろ」とはよく言われますが、考えてみると失敗をしてもなぜ間違っていたのかを反省するのは意外と難しいものです。ですから、とにかく打席を増やしてバットを振り続け、当たった時にその理由を突き詰めて考えていけば、上手くいく確率も高まっていくはずです。

打席に立とうとする意識を持つこと、打席に立つ量を増やすことの効果、成功を振り返ることの強さ。ぜひ、これらのことを頭に置いておくと良いでしょう。

本章のまとめ

・プロとしてコンディションを整え、成果を挙げる
・学校のテストとは違い、仕事には正解がない
・「相手に価値を与えること」こそが仕事のゴールだ
・当たり前のことを当たり前にできるようになれ
・「資格さえ持っておけば安心」などと考えてはダメ
・成長したいなら「行動の習慣化」を身につけろ
・打席に立ち、バットを振り、その動きを振り返れ

第2章

仕事を面白くするための10のツボ

一見たいしたことのない仕事でも、
思い切って全力を注ぐことだ。
仕事をひとつ征服するごとに実力が増していく。
小さい仕事を立派に果たせるようになれば、
大きい仕事のほうはひとりでに片がつく。

デール・カーネギー（実業家・作家）

1

仕事の基本は「整理整頓」である

❖「整理整頓」で〝仕事ができない人〟認定されてしまう

「整理整頓」という言葉は小学校でも習うようなものですから、「何を今さら」と思うかも知れません。しかし、ここでこの本を閉じてしまうのは非常にもったいないことです。なぜなら、整理整頓は仕事に大きく影響するにもかかわらず、できていないビジネスパーソンがあまりにも多いため、ここを押さえておけばあなたは大きなスタートダッシュを決めることができるからです。

入社1年目であれば、仕事に慣れてくると資料の管理を任されることがよくあります。例えば「先週の会議の資料だけどさ」などとデータを出すよう、上司から頼まれたりします。「資料をメールで送ってほしい」「1部印刷して持ってきて」などとお願いされます。そうした時に、どれだけのスピードで反応できるかというのは、「仕事ができる人」または「仕事ができない人」というジャッジに直結してしまいます。机やパソコンの中が雑然としていて、データになかなかアクセスしにくい状況では、「仕事ができない人」とみなされてしまうのです。ですから、仕事ができる人になるためにも、整理整頓は重要な活動と言えます。

❖「整理」と「整頓」の本当の意味

ここでまず整理整頓の基本をおさらいしておきましょう。**「整理」とは不要なモノを捨てること**です。この捨てるという動きがポイントです。多くの人は捨てるに捨てられず、それが検索性の低下を招いていることに気づいていないのです。捨てるという判断ができる人は、判断力が身につきます。整理整頓で培った判断力は、自分自身の未来に大きく役立つものなのです。

そして捨てたあとに残った**必要なモノを、わかりやすく配置するのが「整頓」**です。例えば、ファイル名などはルールを設けて名前をつけていかなければ、あとでわからなくなってしまいます。メールソフトの仕分けルールなども同様です。整理整頓というのはただ見た目を綺麗にすることではなく、仕事の処理スピードを上げるための大事な業務であることを忘れないでください。

❖「片づけない」と年間60時間を無駄にしている

散らかっていたら「片づけよう」とは言われますが、散らかったままで言い訳をする人に多いのは「忙しくて片づける暇がなくて……」というものです。この言い訳、実はまったく逆で、忙しくて片づける暇がないのではなく、片づけないから忙しくなっているのです。探し物をしている時間は、仕事をしていないのと同じことです。1日5回探し物をして、そのたびに3分使っているとしたら計15分です。1週間にすると75分。1カ月では5時間。1年にすると60時間。年間で60時間も探し物をしている人が、「仕事をバリバリやっている」と言えるのでしょうか。

もちろん、入社してすぐには散らかりようがないかも知れません。しかし、仕事を始めて半年もすると、身の周りにモノが増えはじめます。増えてきたなと思ったら、どんどん捨てていきましょう。「そうは言ってもなかなか捨てられなくて」「捨てて良いのか判断できない」という場合には、自分なりにルールを決めて捨てていくのが良いでしょう。製造業の現場でも使われていて有効な流れとしては、「ステータス別に場所を決め、独自ルールを設定してしまう」という方法です。

❖自分なりのルールを設定する

これはあくまでひとつの例ですが、まず**「一時保留場所」**を決めてしまいます。捨てるかどうか判断が難しい書類は、この一時保留場所に置いておくようにするのです。そして、自分で決めた日時に一時保留場所を見直し、捨てていくのです。例えば「毎週月曜の朝に一時保留場所をチェックして、使っていないものは捨てていく」などのルールを作ってしまうというわけです。

「いずれ使いそうなものなので、どうしても捨てる判断が難しい」という書類がある場合には、デジタルデータ化してしまえば良いでしょう。ＰＤＦファイルにしてハードディスク内やクラウド上に保存してしまえば管理も容易です。とにかく、机の上に書類を積んでしまうのはダメです。ただちにルールを考えて実行していきましょう。

データ化するデメリットとして、ＰＣ内でどのファイルがどこに行ったかがわからず探しているケースが多くなってしまうことが挙げられます。この場合は、「ファイルの管理を統一させるべき」でしょう。色々な方のＰＣを見てみると、日付を設定しているファイルもあれば、そうでないものもあったりしますし、フォルダに入っているものもあれば、出ているものもあったりします。これではどうしても探す時間が増えてしまいます。ファイル名称や置き場所にも統一ルールを設けて、スッキリさせていきましょう。

また、探すスピードを上げるために、検索ツールも活用すべきでしょう。私は、「これは必要だ」と判断したファイルはフォルダに格納するだけでなく、Gmailにも送っています。そうすることで、Gmail上で検索することができるのです。検索精度も高いので、移動中などでもすぐ目当ての資料を見つけることができています。

❖「片づけ」「整理」が好循環を起こす

「探す」という時間にフォーカスしましたが、何かを探す時間ばかりが増えていくと、その時間を使ってできたはずの本来の仕事ができなくなってしまう点が問題です。そのために、モノを整えることや減らすことをやっていかなければなりません。**仕事の時間はすべて同じ質の時間ではありません**。本当に使える時間である**「可処分時間」**を増やすことを考えなければいけません。できる限り「可処分時間」を増やしていくためにも、モノを片づけたり情報を整理したりする必要があるのです。

また、モノを片づけたり情報を整理したりすることで、必要なものがすぐに取り出せるだけでなく「頭の中」も整理されていきます。頭の中が整理されていくと、様々な事象の判断スピードも上がっていきます。判断スピードが上がることで、全体的な仕事の流れもスムーズになっていく、という好循環が起こります。ぜひとも、整理整頓をして環境を整えていきましょう。

2 頭の中に常に置くべき「意識」

❖「やらされている人」と「目的意識を持った人」の違い

皆さんが仕事を覚えていく過程で、上司から「仕事の指示」というものが降りてくるはずです。しかし、上司からの仕事の指示は、大きな仕事全体の一部でしかありません。どんな仕事も必ず大きな仕事全体の一部であり、その仕事には「背景」というものがあり、何か大きな目的に沿って行われます。だから、仕事を指示された際に頭の中に置いてほしいのは**「この仕事が何を目的としていてどんな背景があるのか」**を知っておく必要がある、ということです。

この意識というのは、つまり**「目的意識」**です。目的意識がなければ、何のためにその仕事をしているのか理解しないまま、ただ手を動かすだけになってしまいます。ただ手を動かすだけの仕事では、責任感も芽生えず、次から仕事をした時に「やらされている」という気持ちになり、仕事に対する意欲が徐々に減ってしまう恐れがあるのです。

この動きをわかりやすく表している寓話として『三人のレンガ職人』というお話があります。

〈三人のレンガ職人〉

ある旅人が、真夏の炎天下、とある町を通りかかりました。町に入って少し歩いたところで、一人のレンガ職人が汗だくになりながら仕事をしていました。

旅人は、「この暑いのにたいへんだねぇ。何をされているんですか？」とレンガ職人に声をかけました。

するとレンガ職人は、「見ればわかるでしょ。レンガを積んでいるんですよ。ほんとこの暑いのにたいへんだよ！」とぶっきらぼうに答えました。

旅人は、レンガ職人に「ご苦労なことだね。頑張っておくれ」と慰めの言葉を言って、また歩きだしました。

またしばらく歩くと、別のレンガ職人が仕事をしていました。

旅人は、そのレンガ職人にも声をかけました。「たいへんだねぇ。何をされているんですか？」

するとレンガ職人は、「レンガを積んで壁を作っているんですよ」と答えました。

旅人は、「この暑いのにご苦労なこったねぇ」と職人を労《ねぎら》いました。

すると、レンガ職人は、「確かにね。でも、こうして働かないと家族を養っていけないんでね。仕方ないさ」と返してきました。

旅人は、「そうかい。大変だね。頑張っておくれ」と言って、また歩きだしました。

またしばらく歩くと、別のレンガ職人が仕事をしていました。

旅人は、また「たいへんだねぇ。何をされているんですか?」とレンガ職人に声をかけました。

すると、そのレンガ職人は、「教会を作ってるんですよ。この町の人たちの心に、安らぎと拠り所を与える教会をね！」と、嬉しそうに答えました。


これが**「やらされている人」**と**「目的意識を持った人」**の違いを表した『三人のレンガ職人』というお話です。同じレンガを積むという仕事にもかかわらず、それぞれ仕事のとらえ方や意欲が異なります。

一人目のレンガ職人は、単に「レンガを積む」という作業をしているだけで、目的もわからず愚痴をこぼしていました。

二人目のレンガ職人は、家族を養うお金を稼ぐためにレンガを積む仕事をしていました。目的意識こそありますが、自分のための目的になっています。

そして三人目のレンガ職人は、その仕事が社会でどう役に立つのかという目的を理解し、自分の仕事に誇りを持って教会の完成形をイメージしながら嬉々として働いていました。

つまり、一人目は仕事を「作業」としてとらえ、二人目は仕事を「お金を稼ぐ手段」としてとらえ、三人目は仕事に「やりがい」を感じながら働いていたわけです。この違いを生んでいるのが、目的意識の違いだというわけです。この三人の職人の中で、どの仕事のとらえ方が望ましいかは、言うまでもありません。

しかし、会社に入る前の皆さんは、目的意識がハッキリしないまま受験勉強や習い事をしていたこともあったのではないかと思います。「親にやれと言われたからやってきた」「先生がうるさいからやってきた」というような状態です。そして多くの場合、「やらされている」という義務感を持ってしまうと、一人目のレンガ職人のようにやる気がなくなってしまうものなのです。ですから、仕事に取り組む際には**「この仕事は何を目的としているのか」という目的意識をしっかりと持つ**こと。そうすることで仕事が楽しくなっていき、自分自身も成長できる良いきっかけになるのです。

❖目的意識を持つためには

そうなると、目的意識を持つために大切になってくるのが、「上司に質問をする」ということです。とはいえ、上司から仕事の指示が来るたびに「これって何のためにやるんですか？」などと聞いてしまうと、逆にやる気がないと思われてしまったり、「いいから黙ってやれよ」などと怒られてしまうかも知れません。ですから、まず一度は「わかりました」と素直に受け入れたうえで、目的が明確でない場合には「すみません。先ほどの資料ですが、何のために使うものかお伺いしてもよろしいですか？」などと追加で聞くとやる気を感じさせられます。

また、自分自身にも次のような問いを投げかけてみましょう。

「私が取り組むこの仕事は、未来の自分のどのような喜びにつながっているのだろう？」
「私のこの仕事は、他人や社会にどんな喜びをもたらすだろう？」

初めのうちは、なかなか明確な答えが浮かばないかも知れません。それでも、こういった問いを続けていくうちに答えが見えてくるようになりますし、目的意識の醸成にもつながっていきます。

もし、情報が足りないとか、もっと詳しく理解したいという場合には、上司に積極的に相談するのも良いでしょう。そうすることで、目の前の問題を自ら解決しようとする意識が働き、結果的にいつでも積極的に行動することができるようになっていきます。加えて、色々なことを学ぼうとする姿勢から、上司にもその熱意は理解してもらえるはずです。

ただ、何もかも上司に相談して答えを得ようとしてはいけません。**ヒントを得たら、自分で考えること**も大切です。考えるクセができたら、今後は同じような指示が出てきた時にすぐに背景や目的を理解でき、モチベーション高く速やかに目の前の仕事に取りかかることができるようになります。

3

行動は「巧遅《こうち》」よりも「拙速《せっそく》」で

❖要点さえ押さえればOK

入社1年目であれば、重要な意思決定が伴うクリエイティブな仕事というよりも、数をこなしていくような小さな仕事が多くなってしまいます。その際に意識してほしい動きが、**「巧遅」**と**「拙速」**です。

「巧遅」というのは「巧みに遅い」と書きますが、**丁寧にやりすぎて動きが遅くなること**です。「拙速」というのは「拙《つたな》くても速く」と書きますが、**拙い内容でも良いから速く動**

くということです。どちらも「動作」を表す言葉としては共通していますが、入社1年目の皆さんには**「巧遅よりも拙速で動いていきましょう」**ということを強く言いたいと思います。

仕事をしていると「報告書」を書く機会は多くあります。書類を書くことは良いのですが、社内用資料などで無駄にデザインを施すケースが見受けられます。色やレイアウトなどの細部までこだわって何時間もかけて何枚ものパワーポイントを作っている人が本当に多いのですが、そんな動きは時間の無駄です。

先ほど「目的意識」という話を書きましたが、資料の目的は綺麗なものを完成させることではありません。それによって何を伝えるか、誰に伝わるかが大事なのですから、要点さえ押さえてあればほぼ合格ラインと言えます。それなのに、色をどうするとかフォントの種類は何が良いとか、そんなことばかりに時間をかけている場合ではないのです。

❖テキストコミュニケーションの重要性

また、**特に拙速で動くべきはテキストコミュニケーション**です。仕事をするうえでメールやチャット、スラックなどの業務連絡は毎日のように行うでしょう。その際に、しっかりとした文面を作り込むというのは巧遅です。拙い内容で構わないので、とにかく速くレスをすることを最優先に考えましょう。また、理想としては24時間以内に返信すべきです。

メールを速く返信するためには、メールを速くチェックする必要があります。実際、雑誌『プレジデント』が2017年に行った調査では、「高収入のビジネスパーソンはメールチェックをする回数が多い」という結果があったようです。年収1500万円以上と500万円未満のビジネスパーソンにアンケートを行い、メールを使用する時間帯について調査をしました。その結果、起床後から就寝前までのすべての時間帯において、メールを使用している人の割合は年収1500万円以上のビジネスパーソンが上回っていたのです。その割合は低年収者の2倍以上にも達していましたから、デキるビジネスパーソンは**「頻**

繁にメールをチェックし、なるべく速くメールを返すように動いている」ということがわかります。

対応が速ければ相手も安心して仕事を進めることができますし、相手からの評価も上がることから、それが高年収へとつながっているのでしょう。すぐに返答ができない内容であったとしても、いつまでにやるのか、今どういう状態なのか、などを取り急ぎ伝えるだけでも相手は安心するものです。

❖速くメールを書くには

レスが速いということは、もちろんメールを書くのも速いわけですが、書き方は拙くて構わないのです。例えば、社内でやりとりをするのにメールの冒頭で「お疲れ様です」などの定型文は必要ありません。わざわざ入力している時間がもったいないと思います。

社外とスケジュール調整をする際には、即レスが必須です。スケジュール調整に時間をかけてしまうと複雑な状況になってしまうこともあり、相手にも迷惑です。日程や要望を提示する時には、拙く箇条書きで構わないと思います。例えば次のような文であれば、シンプルながら相手にも読みやすい文面になるはずです。

〈例〉以下よりご都合の良い日程をご教示ください。
・12月１日（月）13時－15時
・12月２日（火）10時－12時

さらに、タイピング速度を向上させたり、予測変換機能などを使うことで、少ない時間でもたくさんの文字量を入力できるようになります。

また、１通のメールを拙速で書くことはもちろんですが、やり取りが多くなってしまっては意味がありません。メールのやり取りを減らすポイントは、**用件を一度にまとめてしまうこと**です。そのためには、「どんな返事が返ってくるか」を意識してメールを書くことが大切です。相手が疑問に思いそうなことは先手を打って可能な限り書いてしまい、やり取りの回数を減らすことも意識すべきでしょう。これも例文を書いてみます。

〈例〉打ち合わせ日程については下記にてお願いします。
日時：12月2日（火）10時－12時
場所：弊社オフィス（場所は下記の通り）
http://www.xxxxxxxxxx
連絡：当日何かあれば下記までご連絡ください。
090-xxxx-xxxx

会社とは効率よく利益を出す集団ですから、手を抜くところは抜くべきで、速く動くところは速く動くべきです。昭和の時代には「長時間、働く人がエライ」というおかしな風潮もありましたが、現代はいかに効率よく利益を出せるかという本質を見る風潮が強くなってきました。昭和に引きずられないよう、拙速で動いていきましょう。

いつまでも会社に残ってダラダラと仕事をしているのは「時間内に仕事を処理できない能力の低い人間」という証明になります。もちろん、残業をしてしまう日もあるでしょう。しかし、忘れてほしくないのは**「いかに効率よく仕事を処理して拙速に動いていくか」**という考え方です。それさえ持っていれば、どこに行ってもやっていけます。

4 単純な仕事などなく、あるのは単純な思考だけ

❖とらえ方次第で成長スピードが大きく変わる

会社に入って最初のうちは上司から任された仕事が多く、一見すると誰でもできるような単調で単純な仕事に思うかも知れません。会議の資料をコピーして準備したり、複数人参加する会議のスケジュール調整をしたり、雑務ばかりで理想と現実のギャップに戸惑うこともあるでしょう。人によっては「こんなことをするために会社に入ったんじゃない」と絶望してしまうかも知れません。しかし、すぐにそう考えてしまうのはあまりにも単純

なことだと思うのです。

そもそも会社の仕事というのは雑用が多いものです。ただでさえ雑用ばかりなのですから、入社1年目の新人が任される仕事はほぼ雑用だと思って間違いないでしょう。**ただ、その雑用を「単純な仕事だ」ととらえるか、「頭を使って工夫する余地があるのではないか」「もっと改善できるところがあるのではないか」ととらえるかは自分次第です。**そのとらえ方によって、仕事にどう取り組むかが変わり、それによってあなたの成長スピードが大きく変わっていきます。

❖考え続けることで仕事の改善力は高まる

例えば部長達が集まる「部長会議」の会議資料をコピーするよう頼まれたとしましょう。単なるコピー取りとも思える仕事ですが、「コピーしまくるためにこの会社に入ったんじゃない」などと不貞腐《ふてくさ》れてしまうのは愚の骨頂なのです。コピーを取る際には、次のように気にしなければならないことがいくつもあるのです。

①部数は何部必要なのか

「何も言われなかったから1部でいいや」とか「部長は5人だから5部でいいだろう」などと自分で判断してはいけません。必ず部数を確認すべきです。

②片面印刷か両面印刷か

用途によってふさわしい印刷方法が変わります。社内用ならば裏紙コピーを推奨している場合もありますが、社外の人を交えてディスカッションをするなどという場合には片面印刷で用意することもあります。こういったことも事前に確認したほうが良いでしょう。

③用紙サイズ

一般の書類はA4で印刷しますが、プロジェクトの工程表などはA3で印刷するなど、異なる大きさが求められることもあります。しっかりと確認しておきましょう。

④綴じるか綴じないか

複数枚がセットになっている資料の時、ホチキスなどで綴じることが求められる場合もあります。その時は、「どこで綴じるのがベストなのか」もケースバイケースです。基本的に縦書きの書類は右綴じ、横書きの書類は左綴じが多いですが、資料の用途によってはそぐわない場合もあるので、確認が必要です。また、あとから資料が追加されていくケースなどホチキス留めがいらない場合も考えられますので、注意すべきでしょう。

⑤カラーコピーかモノクロコピーか

コストを重視して一般的にはモノクロが使われますが、お客様向けの資料や「色」を見せなければならない場合にはカラーコピーが使われます。用途によって変わりますので、確認の必要があるでしょう。

以上が資料に関して考えるべきことですが、これだけではありません。コピーを取りながらほかにも考えられることはたくさんあります。一部、例を挙げてみましょう。

・必要な部数を確認したあと、予備の資料が必要ないか考える
・全体のバランスや字の濃さなど、より完成度の高い資料にする方法を考える

・会議内容や参加者、決定事項。そしてそれは会社にどのくらい影響するのかを想像する
・資料を閲覧し、部長たちが会議でどのような話をしているのかを自分なりに考える
・上司のスケジュールから会議があることを把握し、先手を取って動けないかを考える
・そのほか、会議資料に目を通し、段取りなど自分にできることがないか検討する
・コピー用紙が少なかったら補充を検討する。また、置き場所がベストか再考する

など、ほかにもあるかも知れませんが、こう書いてみるだけでも「コピー取り」の奥深さがおわかりではないかと思います。逆を言えば、**コピー取りひとつ真剣に取り組めない人には、もっと責任のある仕事など回ってくるはずもない**のです。これはコピー取りに限らず「名刺を管理しておいてくれ」「来客が来たからお茶を出してくれ」などの依頼の場合でも同様です。

どんなに簡単そうな雑用であっても、「上司にはこう指示されたけど、こうするともっと良くなるんじゃないか」と考え続けることで仕事の改善力は高まっていきます。そうすると単なる雑用であっても「あなたに頼むと質が良いし、仕事も速いな」ということにな

り評判を呼び、さらにレベルの高い仕事が集まってくるようになっていくのです。つまり、**「目の前の雑用にどう取り組むかが将来の大きな仕事につながっている」**ということを忘れてはいけません。

ヒューレット・パッカードの会長兼ＣＥＯであったカーリー・フィオリーナさんは、もともと受付嬢からキャリアをスタートしています。受付嬢が会長にまでなったというのは、きっと前述したような意識で日々の仕事に取り組んでいたはずです。

5

脳みそを過信するな、メモを取れ

❖メモを活用する

皆さんの世代では若いうちからガラケーやスマホを使っていると思います。「紙に何かをメモする」という行為があまりないかも知れません。しかし、社会人としてはメモを取ることをぜひ積極的に行っていただきたいと思います。その理由として、次のようなことが挙げられます。

①タスクを忘れない

仕事をしていて問題となってくるのは、タスクなどのやるべきことを忘れてしまうことです。私たちの記憶は、自分ではコントロールできない部分が多々あります。例えば、「○○を取りに行こう」と思って歩き始めたのに、途中で「何を取りに来たんだっけ?」と忘れてしまうことがあります。これは別に年老いているからというわけではありません。誰かに話しかけられたり、電話がかかってきたり、考え事をしたりして、最初にやろうとしたことを忘れてしまうのです。

職場というのは本当に邪魔が多いので、これは誰にでも起こることです。たったひとつのことでも確実に覚えておくことが難しいのに、**数多くのタスクをずっと意識していることなど不可能**と言えるでしょう。期限間際になって急に思い出して、バタバタと慌《あわ》ててしまうことにもなります。ですから、忘れないためにメモに書き留めておくことは、仕事の基本であり必須です。さらに、手書きをすることで「脳が記憶しやすくなる」という効果も期待できるでしょう。

②脳内にスペースができる

逆に、「忘れたいのに忘れられない」という問題もあります。例えば、あるタスクに取りかかっている時に、ほかのタスクのことが気になって集中できないケースです。思い出さなくてもいい時に、余計なことを思い出してしまうことがありますが、こうなると目の前のタスクに集中できず、仕事の効率としても良くありません。ほかにも、常に頭の中で「あれもやらないと、これもやらないと」と、色々なタスクを考えてしまい、焦ってしまう人も多いでしょう。これも集中の妨げになるので、焦っている割には仕事が進んでいなかったりしてしまうのです。

皆さんが仕事に慣れてくれば、タスクの数は増えていくのが当然の流れです。仕事の内容によっても異なりますが、常に50個くらいのタスクを抱えているという人は珍しくありませんし、忙しい人なら100個以上に達することもあるでしょう。そんなに多くのタスクを、**都合の良い時にだけうまく思い出せるはずがない**のです。このような問題を防ぐために、タスクやアポイントなどの用件を頭の外で**「可視化」**するためにメモを取るのです。自分の頭で覚えておこうとするのではなく、外付けのハードディスクに記憶させておくようなイメージです。

③言語化によるクリエイティブ効果

仕事をしていると、誰しもが頭の中で「こうしたほうが良いのでは」とか「こんなサービスがあると良いかも」といったことを考えます。しかし、それは形になっていないものがほとんどで、会議などで発表するほどのものではなかったりします。それらをメモに書いておくことでひとつの情報として認識できるようになります。認識できると今度は「もっとこうしたほうが良い」といった改善策もぶつけることができるようになっていきます。いわゆる**「ブラッシュアップ」**という動きです。ブラッシュアップしていくことで、**サービスやアイデアというのは形になっていく**ものです。

そんなブラッシュアップを頭の中で考えて終わらせているのはもったいないです。まずはメモに書いて言語化していくべきでしょう。時に、メモに書いたものを眺めているだけで新たなアイデアが浮かぶこともあります。アイデアというのはゼロから生まれるのではなく、**「異なる要素のかけ合わせである」**とよく言われます。まさに、メモによる言語化でかけ合わせが起こりやすくなる土台が作られます。気になったことや頭に浮かんだことをどんどんメモする習慣があることで、**クリエイティブなものは生まれやすくなる**のです。

④自分自身や状況を客観視できる

私が勤めていた職場に尊敬する先輩がいました。その人はどんな状況でも冷静に判断して的確な指示を出していました。その先輩に、「どうしたらそんなに冷静でいられるのか」と聞いてみたところ、「メモをする習慣のおかげだ」という答えが返ってきました。何かネガティブなことが起こったり、大きな動きがあった時に、感じたことをひと言でもメモに書いているそうなのです。

仕事をしていると感情的になってしまうことは多々あります。しかし、そこで感情に任せて動いてしまうとあとで取り返しがつかなくなってしまうケースもあります。**感情に任せず、自分が感じたことをメモすることで客観的に自分を眺めることができる**というのです。まるでドローンで自分自身を斜め後ろから撮影しているような感覚でしょうか。

そんなクセがつくと、色々な気づきを得ることができるようになると言います。「彼にはこんな言葉をかけたほうが良いんじゃないか」「ちょっと疲れが溜まってきたようだから休んだほうが良いかも知れない」など、勢いだけで行動せずに冷静な判断ができるようになっていくわけです。

⑤文章作成スピードの向上

仕事の時間で最も多いと言えるのがメールを書く時間です。文章を作成するのにどうしても時間がかかってしまうという人がたくさんいます。私の場合、移動中にメールを確認したら、すぐに返信すべき内容をメモに書いていきます。**メールの文章を書くのではなく、「何を伝えるべきか」という要点を箇条書きでメモしていく**のです。実際にパソコン前でメールを書く時には、そのメモを見ながら流れに沿って要素を盛り込んでいけば良いので、普通にメールを書くよりも速く作成することができています。

これは、プレゼン資料などを作る時も同じ要領でできます。いきなりパワーポイントなどのソフトを立ち上げるのではなく、まずは手書きメモで何をどんな順番で伝えていくべきか考えて書いていきます。そこでメモの内容が固まったら、パワーポイントなどのソフトで完成させるわけです。こうすることで、速く、より伝わりやすいものが作られているように思います。ぜひ、メモを活用していきましょう。

6
会議に出るなら意見を述べよ

❖会議に新人を参加させる意図とは

入社してすぐの頃は少ないかも知れませんが、徐々に会議に出ることも増えてきます。しかし、会議に出る時には注意が必要です。日本企業の会議というのは、そもそも無駄が多いものです。ですから、出るからには無駄のないようにしなければなりません。無駄がないとは、つまり「価値をつけなければ意味がない」ということです。

「新人だから意見を言うなんてとんでもない」などと考えてはいけません。もし会議に呼ばれたのなら、そこには必ず目的や意図があるはずです。初めての会議であれば「どんな会議なのか雰囲気を知ってほしい」という意図かも知れません。しかし、2回目以降からは、「新人ならではの新しい目線の意見がほしい」と考える上司も多いはずです。ベテランになくて新人にあるものというのは、**〝新しい視点〟**だからです。ベテランの人は会社に慣れすぎていて、問題があったとしても気づかなかったりします。新しいアイデアも出にくくなっていたりします。ですから、新人は新人として会社や部署に来て最初に感じたことや、「何でこういうことをやらないのでしょうか?」などと**リアルに感じたことを発信していくべき**なのです。

❖意見が通りやすくなる伝え方

小売業やサービス業など、消費者につながるようなサービスを提供する会社の場合には、入社1年目の意見は消費者に近いため特に貴重です。今の時代は価値観が多様化しており、5歳も離れていると考えていることがまったくわかりません。ですから、入社1年目の皆さんはその会社のサービスや商品についてどう思うか、消費者としての自分なりの感覚を伝えるだけでも貴重な意見になるはずです。

ただ、意見というのは仮に同じことを言っていても**発言の仕方で大きく変わる**ということに気をつけなければいけません。せっかく意見を発していても、伝え方が悪くて通らないというケースはたくさんあるのです。では、意見が通りやすくなるような伝え方とはどういうものなのか、5つ挙げてみましょう。

①意見はまとめて、手短に

発言をする際に多いのは、何を言いたいのかわからずダラダラと話し続けること。会議は時間が限られているため、伝えたい意見は頭の中でしっかりとまとめ、短時間で発言できるようにしておきましょう。社内に限らず、お客様と商談をする際にも相手は時間を割いてくださっています。普段から意見をまとめるクセをつけておくと良いでしょう。

②スピードを落として話す

皆が注目する中、緊張しながら意見を言おうとすると、誰しも陥るのが**「早口」**です。

早口になると聞き取りづらかったり、落ち着きなく見えてしまったりするため、話すスピードを遅くするよう意識します。そうすることで同じ話であっても「しっかり考えながら話しているな」という印象を与え、内容に説得力や信頼感が生まれます。また、柔らかい雰囲気も感じられるため、反対意見であっても聞く姿勢を取りやすくなります。

③いきなり話さない

意見を求められて話す場合には構いませんが、自ら意見を口にする際は「それは違うと思います」などといきなり話すのは避けましょう。手を挙げるなり、「よろしいですか?」とひと言挟むなり、「これから話します」というポーズを見せます。賛成であれ反対であれアイデアであれ、いきなり発言するというのは新人という立場を考えても横柄に見られかねません。聞く準備をしてもらうためにも、クッション言葉を入れるのが適切でしょう。

④最後まで言いきる

新人が発言する際に多いのが、語尾で言葉を濁してしまうケースです。自信のなさの表れなのでしょう、最後まできっぱりと断定的に話せないのです。また言葉を濁したり小声になったりしながら言いがちなのが、「思います」という表現です。小声で「思います」と言われても、その意見の信頼性は高まりません。ぜひ、言葉は最後まで同じトーンで音量を下げず、「です」「ます」などの断定口調で終えるようにしましょう。

⑤目線も大切

声の大きさや語尾の口調もそうですが、目線をどこに向けるかも大事です。どうしても自信のなさから伏し目がちに話す新人が多いのですが、**しっかりと前を向くべき**です。しかも目の前の人や隣にいる人だけでなく、八人程度の会議であれば一番端にいる人に向けて話すような目線を保つと、声も聞きとりやすく、自信を感じられて良いでしょう。

少し意識するだけでも会議での自分の発言は変わってきます。いずれにせよ、会議は「会」って「議」論をする場所であり、時間を割いて顔を合わせるのですから、積極的に意見を言って「自分を中心に議論を起こしてやろう」ぐらいの気概を持って臨むべきです。

7

仕事は小さく分け、目標設定をしよう

❖小さくすると実現しやすくなる

「象を食べるならひと口ずつ」というアフリカのことわざをご存知でしょうか。象を食べるなんて驚きですが、アフリカの村では象の肉を使った料理もあるそうです。ただ、象はとても体が大きいため、いざ食べようと思ったら小さく分けなければなりません。このことわざが表しているのは、実は**「大きな仕事や長期的な目標は小さく分けよ」**ということなのです。

ある程度小さな仕事がこなせるようになってくると、大きなプロジェクトに携わることも増えてくるでしょう。そうした時に、大きな状態のまま進めようとしても、途中で必ず上手くいかなくなります。目の前で何をして良いのか、どこを目指せば良いのかわからなくなるからです。

ですから、大きな仕事に携わることになった場合、**まずは小さくすべき**です。例えば、全所要時間が20時間くらいのタスクがあったとします。このタスクだけに専念すれば３日で終えられますが、実際にはそう簡単にはいきません。大抵はほかの雑務にも追われることになり、１~２週間くらいかかるわけです。また、大きな仕事を抱えるとなかなか取りかかりにくく、先延ばしになりやすいという問題もあります。なぜなら、**空き時間が１時間あった時に大きなタスクに取りかかるかというと、誰もが避けてしまうもの**だからです。「今日は無理だから明日やろう」「もっと時間が取れる日まで待とう」と考えてしまうわけです。

❖ 2時間程度で終わるタスクを作る

仕事を翌日以降にくり越すこと自体は悪いことではありません。しかし、特定の仕事だけ手つかずの状態が続いてしまうと、その仕事の期限に間に合わなくなってしまうことにもなります。こういった問題を避けるため、大きな仕事は予《あらかじ》め小さくする、つまり分解しておくのが一般的なのです。

例えば、報告書を作成するとします。大がかりな報告書なので、丸一日かかるものだと考えてください。この報告書の仕事を小さく分解してみると、まず報告書を作る前には、調べ物をしたりデータを揃えたり必要なものを入手する段階があります。さらに、内容や方針を考えたり結論や全体の構成を考えたりしながら決めていくことになります。

そして、パソコンに向かって作業する段階があり、出来上がったら自分で見直しをしたり、上司にも確認してもらったりする段階、必要に応じて修正する段階、出来上がった報告書を発行するといった段階があります。これらの各段階での行動を、タスクとして具体的に書き記していくのです。

このように、どんな大きな仕事であっても、しっかりと分解していけば小さなタスクにすることができます。タスクの大きさの目安としては、大きくても**2時間程度で終わるものにしておくのが理想的**かも知れません。その程度まで分解しておくと、仕事量も把握しやすくなりますし、先延ばしをしてしまうという問題も起こりにくくなります。

逆に言えば、2時間を超えるような仕事を「タスク」として扱うのは少しボリュームが大きすぎます。タスクをどこまで小さくするかについては、特に制限はありません。必要に応じて数分で終わるタスクに分解しても構わないでしょう。ただ、あまり細かく分解しすぎると管理するのが煩雑になってしまうデメリットもありますので、基本的には細かく分解するほど先延ばしせずに取り組みやすくなるメリットのほうが大きいと言えます。

❖計画的に仕事をするクセをつける

苦手な仕事や慣れていない仕事、精神的に先延ばしにしてしまいそうな仕事などは細かく分割しておけば、取りかかりやすくなるはずです。とはいえ、慣れていない仕事など全体像が見えていないものについては分解することが難しいかも知れません。その場合には、徐々に「次は何をすべきか」というタスクが見えてきたら分解していけば良いですし、手を動かす部分だけでなく「考える」「決定する」などの頭を使う部分もタスクとしてカウントしてしまえば分解がしやすいと思います。

そうして仕事を小さくすることができたら、今度は**「どのタスクをいつまでに終わらせる必要があるか」**を確認していきます。やるべき仕事をリスト化して、仕事を処理していくのです。やみくもに動くのではなく、**動く前に戦略を立てることが大切です**。新入社員の時は仕事量もそんなに多くはないので、何も考えずに手当たり次第こなせるかも知れません。しかし、それは初めだけで徐々に苦しくなっていきます。仕事が少ないうちから計画的に仕事をするクセをつけておくべきでしょう。

仕事に慣れてくれば必ず、大きなプロジェクトや新企画を任される日が来ます。そういう時に計画的にやってきた（象をひと口ずつ食べてきた）クセが生きてきます。どんなに複雑な仕事でも、関係者が多い仕事でも、工程を細分化してシンプルにし、1カ月後の目標や1週間後の目標、今日の目標などに分けて目標設定をしておけば、大抵の仕事は上手くいくのです。

大きな仕事を任される前の今だからこそ、日々のちょっとした仕事でも無計画にやるのではなく自分でゴール設定をしておくことが将来の成功への第一歩です。

8

決めておくべき「デッドライン」

❖デッドラインとは

急成長するIT企業で私が働いていた時のことです。そのオフィスでは、仕事が始まる前には全員が必ずグループウェアの画面を開くことが義務づけられていました。そこに書かれているのは、その部署の一日の仕事の流れです。

「誰が」「何を」「何時にやるか」ということがわかりやすく明示してあって、全員が出社するとまずそれを見て、一日の仕事の流れを確認していくわけです。そうすることで、その日に着手しなければならない仕事と、その仕事を終える目標時間を設定していくわけです。つまり、ここで重要なポイントとしてお伝えしたいのは、それぞれの仕事の**〝デッドライン〟**を予め決めておくべきだということです。

デッドラインというのは、時間を区切った締め切りのこと。小学校の時は夏休みの宿題が８月31日までだったと思いますが、あれも宿題のデッドラインです。多くの仕事には、デッドラインが決められていないものもありますし、「なる早で」などと曖昧に指示されることもあります。そうした時に、**できる限りデッドラインを予め決めてしまうというのが優れた仕事の進め方**だと言えます。

昨今は「ワークライフバランス」といった言葉で代表されるように、働き方を考えさせられる機会が多くあります。皆さんも「残業なんてやってられるか」とか「プライベートも充実させたい」といった思いを持っている人もいると思います。そういったワークライフバランスをしっかりと実現させるためにも、デッドラインという考え方は重要になります。

❖徐々に負荷をかけた締め切りを設定する

日本人の働き方としてこれまで、「残業ありき」で考えることがありました。少し負荷がかかると「残業してやればいいや」という感じです。どうしてもはみ出してしまう場合には仕方ありませんが、残業ありきで考えてしまうと、ズルズルと後ろ倒しになってしまい、何も良いことがありません。**しっかりと締め切りを設定して、その締め切りを厳守するために今は何をしたら良いか、と考えていく思考が重要なのです。**

締め切りを厳守するというのは大変なことですし、負荷もかかります。しかし、その負荷こそが自らを成長させる機会になるのです。遅くまでダラダラと仕事をするのは負荷とは言えませんし、成長の機会にもなりません。ここを間違えてはいけないのです。

ただ、いきなり高い負荷を設定してもいけません。例えば、夏休みの「自由研究」の宿題が8月31日締め切りなのに、自分の中で8月1日に設定したとします。何が起きるかというと、「ズル」をしてしまう可能性が考えられます。早く終わらせるために、インターネットにあがっているものを丸パクリして済ませてしまう。それでは意味がありませんし、自分のためになりません。また、チャレンジをしなくなるというリスクもあります。誰もが驚くような研究ができるはずなのに、締め切りが近いから無難な研究で終わらせよう、と考えてしまうと成長はありません。やはり、**適度な締め切りが理想**なのです。

ですから、**デッドラインの設定方法としては徐々に縮めていく**というのが理想と言えます。デッドラインと言っても、いきなり完璧に守るなどと考えず、少しずつ守るようになっていくものととらえ、最初は緩く設定しましょう。そして、徐々に負荷をかけていくようにすれば良いのです。

そして、デッドラインに向けて計画を漏れなく実行するためのコツは、**何度も目標を見返すこと**です。今、目の前で何を達成しようとしているのかを忘れてはいけません。そのゴールを見返しながら、デッドラインに向けて仕事を進めていくのです。デッドラインまでにある程度の時間がある場合、長い時間をかけて集中力を保たなければなりません。その際、ポイントとなるのは**しっかりと休憩を取ること**です。よく言われることですが、人間の集中力は長く続きません。細かく休憩を入れながら進めていくと良いでしょう。

❖「ポモドーロ・テクニック」で効率的に仕事をする

仕事の進め方に**「ポモドーロ・テクニック」**という有名な手法があります。これは25分集中したら5分休憩を取るというサイクルを4回くり返し、4回目が終わったら20分以上の長い休憩を取るという仕事の進め方です。世界中のエグゼクティブが実践しているやり方ですが、もともとはイタリア系コンサルタントのフランチェスコ・シリロ氏が考案したもので、詳細は書籍『どんな仕事も「25分＋5分」で結果が出る ポモドーロ・テクニック入門』フランチェスコ・シリロ（著）、斉藤裕一（訳）（CCCメディアハウス）に記されています。

仕事をしているとメールが来たり、SNSの通知が来たりと外部から中断されることもありますが、「あれ、これやったっけ?」などといった、ふと心に湧いてくる欲求や思いによる中断（シリロ氏はそれを「内的中断」と呼んでいます）も多いものです。そんな中断を引き起こす要因に対処するために、ポモドーロ・テクニックでは25分間はとにかく集中するというわけです。何か思いついたりした際には、スマホやメモ帳に書き留め、25分がすぎたあとの休憩で対処する。そうすることで、**それぞれの要件が本当に重要なのかどうかを見極める時間が得られる**というわけです。そして、短時間にあまりにも多くの内的中断が起こるようなら20分以上の長い休憩で対処するというわけです。

❖「デッドライン」を意識すると個人の成長につながる

デッドラインを設定したり、ポモドーロ・テクニックを駆使して分単位で仕事をしたりなんて、「せわしない」と思われたかも知れません。しかし、性格的に考えると日本人にはこういったやり方が合っているように思います。というのも、世界的に見ても日本人は几帳面ですし、例えば交通機関などの時間も非常に正確で知られています。ですから、初めは慣れなくても、続けていればいずれ慣れてくるはずです。

ダラダラと仕事をして時間を緩く使っていたり、無駄なことをして時間を浪費していては、いつまでたっても効率よく結果を出すことはできません。デッドラインをしっかりと設定することで、ダラダラしていられなくなるのです。だからこそ、「いかに効率よくやるか」も考えるようになります。さらに、時間を無駄にしないために「判断」や「決断」をする力も養われます。

結果として、スケジュールを守ることができ、無駄な動きも排除され、個人の成長にもつながっていくのです。ぜひとも「デッドライン」を意識していきましょう。

9 動き回れば機会だらけ

❖人生やビジネスを成功に導くためのスキルとは

会社に入ってすぐの頃は、「仕事に慣れるのが大変だから、会社と自宅の往復ばかりだ」という人も多いでしょう。しかし、会社の中だけで動くのではなく、ぜひ社外での活動にも積極的に参加し、動き回ってもらいたいです。興味深いセミナーがあれば参加してみたり、オンラインサロンに入って交流するのも良いでしょう。とにかく、若いうちは動き回ってみてほしいものです。

動き回る人は魅力的です。「魅力」というのは英語でAttractionと書きますが、この単語の中には「Action」が含まれています。つまり、アクションを起こし動き回ることで、人間的な魅力も増していくものだと思うのです。そもそも**魅力というのは人の縁やチャンスを最大化したり、人を巻き込んだり、人生やビジネスを成功に導くためのスキル**とも言えます。アクションを続けることで、魅力という名のスキルが身についていくというわけです。

❖魅力的な人になるメリット

では、「魅力」というスキルが身につくことでどのようなメリットがあるでしょうか。

例えば、入社1年目で営業職に従事している人であれば営業成績が上がっていくはずです。営業行為を受けるお客様の立場に立つと、見ているのは商品だけではありません。「誰から買うか」ということも購買判断のひとつとして考えています。それは相手が経営者であればなおのことです。そんな時に、自身の魅力が増していれば「ぜひ、あなたから買いたい」と言われる機会が増えるのも当然のことです。

また、皆さんが将来的に起業家になったとしたら、動き回る魅力的なあなたには資金が集まりやすくなります。投資家も、ビジネスモデルだけを見ているわけではありません。**「誰がやっているのか」**ということも見極めようとしています。魅力的な起業家であればあるほど、資金は集まりやすくなるでしょう。

さらに、何かピンチが訪れたとしても、魅力的な人であれば助けてもらいやすくなります。「この人ならピンチを潜り抜けられる」と信じられ、手を差し伸べられやすいのです。そうなると、仕事だけでなく人生そのものまでも生きやすくなっていくはずです。

❖組織を率いる人には欠かすことができない力とは

また、Attractionという単語には、**「牽引力」**という意味もあります。これは魅力にも通じるところですが、周囲を引っ張る力も身についていくとも言えるわけです。この力は将来的に組織を率いる人、チームをまとめる立場の人には欠かすことができません。求心力がある人やリーダーシップがある人はとにかく活発的に動いていて、「Action」つまり行動力を強く持っています。**どんなに悪い人であっても活発に動いていれば、多くの人がついていってしまいますし、逆にどんなに善い人であっても活発な動きがない人には誰もついていかないものです。**

❖運やツキは「他人が運んできてくれるもの」

さらに、Attractionという単語には**「幸運を引き寄せる力」**という意味もあります。幸運などと言うと嘘くさい話に聞こえてしまうかも知れませんが、「運勢が良い」というのは、漢字で「運ぶ勢いが良い」と書きます。つまり、**勢い良く動き回っている人は、物事を運ぶ勢いがあるため、運勢も良くなっていく**と考えます。実際、ビジネスで成功している人や経営者に話を聞いてみると、必ずと言っていいほど「運が良かった」という言葉を口にするのですが、ここでいう「運が良い」というのは、たまたま宝くじに当たったなどという「偶然性」ではないことがわかります。成功するために動き回ることを続けていたからこそ、運を引き寄せていたのだなと感じられるのです。

実際、運やツキというのは**「他人が運んできてくれるもの」**とよく言われます。確かに、家に閉じこもっている人や積極的に動き回らない人で、運が良い人など見たことがありません。色々な場所に顔を出し動き回っていくことで、かかわってくれる人たちが運やツキを運んできてくれるのです。

これは非常に普遍的な考え方で、今から１９００年ほど前にキリスト教徒たちによって書かれた『新約聖書』にも「叩けよさらば開かれん」という言葉が記されています。これは、「目の前の扉を叩くからこそ、扉は開く」ということで、**動き回るからこそチャンスが得られる**というわけです。

ぜひ、目の前の仕事に忙殺されることなく、外に出て動き回るという意識を持っていただきたいものです。

10
「杭」は中途半端に出るから打たれる

❖「出る杭は打たれる」はなぜ起こるのか

入社1年目とはいえ、すぐに活躍する人もいることでしょう。それは社会的に考えればとても喜ばしいことですが、残念なことに社内的に見るとよく思わない人もいて、叩かれてしまうこともあるかも知れません。いわゆる**「出る杭は打たれる」**というものです。打たれたことがない人はわからないかも知れませんが、人間というのは嫉妬深い生き物です。社内で誰かが活躍すると、表面上では「おめでとう」とか「すごいね」と言いながらも、心の中では「何でアイツが」とか「くそ！」などと嫉妬心を抱いていたりします。心の中だけで思ってくれるなら良いのですが、「どうせ何か悪いことをしているんだろう」「仕事はできるかも知れないが、性格は悪い」などと粗探しをしたり、ありもしない話をでっちあげて噂話として広めたりする人もいます。

なぜそんなことをするのかと思うのですが、人間には**承認欲求**というものがあります。人から認められたい、賞賛されたいというものです。承認欲求が強い人ほど、自分以外の人が認められたり、賞賛されることが許せなかったりするのです。そういった人は、どうしても足を引っ張りたくなるし、足を引っかけたくなる。これは人間の**「性《さが》」**とも言えるのでしょう。

❖「人間の性」が人をおかしくさせる

昨今のSNSではそんな様子が散見されます。特に匿名性の高いTwitterでは、芸能人や著名人など目立つ人に対して罵詈雑言《ばりぞうごん》を投げる、いわゆる「クソリプ」という行為があとを絶ちません。これも出る杭を打つ行為と言えるでしょう。

努力して成功した人を見て、素直に「自分も努力しよう」「自分もあの人を目指そう」と思えれば良いのですが、そうではなく目立っている人を叩くことで、自分の位置まで落としたいと考えるわけです。自分を上げていくには努力が必要ですが、相手を下げるにはとにかく叩けば良いだけなのでラクなのでしょう。「同じ位置に来れば同じことだ」などと考えてしまうわけです。

残念ながらこういった人は会社の中にもいるもので、活躍をすればするほど引きずり下ろそうと邪魔をしてきたりします。くり返しますが、それはあなたが悪いわけではなく、人間の性だということを覚えておいてください。誰しもラクをしたいですから、努力して同じ位置に行くよりも、叩いて同じ位置に引きずり下ろしたいだけなのです。

❖「出すぎた杭は打たれない」

では、どうしたら良いかといえば、**「気にしなければ良い」**というだけです。足を引っ張られることに気持ちを持っていってしまうと疲れてしまいます。ですから、気にせず自分らしく突っ走っていけば良いのです。

私自身も叩かれたことはあります。直属の上司から嫌味な言葉を投げかけられたり、直接的に邪魔をされました。あからさまに低い評価をつけられて給料を下げられてしまったこともあります。ただ、振り返って感じるのは、**「打たれる」というのは最初だけ**だ、ということです。

初めの頃は本当に気に病んでしまい、食事も喉を通らない時がありました。しかし、ありがたいことに応援してくれる同僚もいたので、励ましてもらいながら努力を続けていきました。すると、1年もすると反応が変わってきました。周囲から「あの人は本当にすごい人だ」とか「努力を続けていて本物だな」などと言われるようになると、その上司の態度も変わってきたのです。つまり**「出すぎた杭になって叩けなくなった」**ということでしょう。

「出すぎた杭は打たれない」という言葉を聞いたことがあるかも知れませんが、私自身も経験しましたから、本当に起こりうることだと思います。そこまでいけば否定する人も少なくなり、逆に杭を打とうとしている人が否定されてしまうようになっていきます。「足を引っ張られる」という表現で置き換えて考えてみると、足に届かなくなったのかも知れません。そして引っ張ろうとする行為自体を批判する人も出てきたので、面白い現象だなと思うようになりました。

❖「出すぎた杭」になるには

考えてみれば、物事に賛否があるのは当然のことです。ある映画を良いという人もいれば悪いという人もいますし、同じ食べものでも好きという人もいれば嫌いという人もいる。何でもそうだと思います。ですから、自分自身という存在に対しても応援してくれる人もいれば否定してくる人もいるのは当然のことなのです。

しかし、否定をものともせず努力を続け、本当に評価されるようになってくると、打たれにくくなってくるものなのです。では、そこまでの「出すぎた杭」になるにはどうすれば良いのでしょうか。

私自身の経験からお伝えすると、**まずは真摯《しんし》に仕事に向き合うことで、本気で応援してくれるような味方を作っていくこと**です。どんなに叩かれたとしても、味方がいれば頑張ることができます。そのためにも、悪いことを考えて反発しようとするのではなく、しっかりと自分を貫く強い意志を持って仕事に向き合うことが大切なのです。

❖「打たれること」は必要なこと

それから、**「出る杭になって打たれることは必要なことだ」**と考えるべきでしょう。

誰しも人に否定されたり、叩かれることは嫌かも知れません。しかし、実際の杭もそうですが、**杭は打たれなければ倒れてしまうし、打たれれば打たれるほど強くなるもの**なのです。

Twitterの話に戻りますが、有名になって注目する人が増えるとアンチも増えていくのは当然のことと言えます。しかしそうやって叩いてくるということは、それだけ興味があるということの裏返しでもあります。本当にどうでも良ければ、何も反応することなくフォローされることもありません。**好きも嫌いも表裏一体なのです**。だから、今は嫌われていても、自分自身が成長していくことでアンチの人もあなたのことを好きになるかもしれません。だからこそ、打たれることは必要で、アンチも気にすることはないというわけです。

足を引っ張ってくる人たちに言い返したり、反応したりする必要はありません。反応してもキリがありませんし、もともと否定するために絡んできているので、反応しても粗探しをされて揚げ足を取られるだけなのです。まともな議論もできないでしょう。私も直属の上司からは揚げ足を取られてしまうことがありましたが、そこで言い返していたら泥沼の状態になっていたと思います。反論したり反発したりする必要はなく、そこに**時間を使う暇があったら少しでも自分を伸ばすことに時間を使うべき**なのです。

ぜひ、「出すぎた杭」を目指して突っ走っていきましょう。強い意志を持ったまま目の前の仕事に取り組んでいれば良いのです。

本章のまとめ

・整理と整頓の意味を理解し、自分ルールを決めろ
・目的意識を持つだけで仕事は大きく変わる
・効率良く仕事を処理して拙速に動いていこう
・「雑用」をどうとらえるかは自分次第である
・「紙にメモを取る」という行為には多くの効果がある
・会議というのは会って議論をする場所である
・今のうちに計画的に仕事をするクセをつけておけ
・「いつまでに」を分単位で意識すると効果的である
・とにかく動き回って、「出すぎた杭」になってしまえ

第3章

人間関係を上手くやる11のポイント

あなたの才能ではなく、
あなたの態度が、あなたの高度を決めるのだ。

ジグ・ジグラー（講演家・作家）

1
最初のお客様は上司である

❖「上司はお客様」とは

前章の最後で上司から足を引っ張られた話を書きましたが、組織で働く以上、好きな人ばかりが上に立つとは限りません。足を引っ張ってくる人もいるでしょうし、性格的に合わない人もいるでしょう。しかし、そのような環境で自分自身を伸ばす以外にも重要になってくるのが**「コミュニケーション」**です。

コミュニケーションは奥が深いもので、それだけで一冊の本にもなっているわけですが、入社1年目の皆さんに特に意識してほしいポイントとして**「上司はお客様だと思っておこう」**ということが挙げられます。

「上司がお客様？」「上司は会社の偉い人では？」と疑問に思うかも知れません。また、「それは媚《こび》を売れということですか？」とも思うかも知れませんが、違います。

そもそもビジネスというのはお客様が存在して成立します。お客様に満足してもらって、その対価をいただくのがビジネスです。であれば、お客様に向かうプロセスの一番最初が上司なのですから、上司をお客様だと思うことは何も間違いではないのです。

お客様に約束通りの期日に商品を納めるのは当然のことだと思います。上司をお客様とするならば、あなたに指示された仕事はひとつの商品とも言えます。であれば、その商品は責任を持って締め切りまでに間に合わせようとするはずです。

❖上司から愛される存在になる

また、繁盛するお店というのはお客様に愛されています。ですから、私たちもお客様である上司に媚を売るのではなく、愛される存在にならなければいけません。愛されるというのはどういうことかというと、**お客様を立てたり、頼まれたことを素直に聞いたり、期待に応えて仕事をこなしたり、時に期待を超えた対応をする**ということです。お客様がお店に何らかの期待をするように、上司はあなたに期待をしているのです。

さらに、「上司をお客様と思え」というのは、**自分が上司の立場だったらどう考えるのかと想像すること**でもあるのです。お客様が困っていたら手を差し伸べるのがビジネスです。お客様がどんなことで困っているか、どう思っているかと想像力を膨らませます。同じように、仕事をするにあたっては「上司だったら今どう思っているか」「何に困っているのか」を必死に考えるのです。そうすることで、上司の喜びにもなりますし、**見当違いの努力や無駄な努力を避けることにもつながります。**

仕事を始めると「上司がムカつく」とか「パワハラがひどくて嫌になる」など、上司に対する愚痴をよく聞くでしょう。しかし、組織に属している自分というのも、そこで出会う上司というのも、たまたま同じ会社にいるだけです。「縁」でつながっている一過性のものでしかありません。

❖上司を理解する3つのポイント

いきなり「お客様だと思え」と言われてもすぐには変われないと思いますが、それでも「上司はお客様だ」という意識を持ち続けることで、**仕事のとらえ方は変わってくるもの**です。

では、具体的に上司をどう理解すべきなのかを解説してみましょう。大きく3つのポイントに分けて書いてみます。

①上司のニーズを知る

上司が何を求めているのか、上司の不満は何なのかを知りましょう。そのために、まずは上司の話や依頼を聞くことです。ただ聞くだけではなく、その裏にある**真のニーズ**も読み取るように想像力を働かせるのです。第２章で「目的意識」のことを書きましたが、ただ単に言われた資料を作るのではなく、その資料の締め切りはいつなのか、どの程度のクオリティを求められているのか、その資料によって何をしようとしているのか。そこまでを把握するようにします。その辺りをしっかりと踏まえて仕事に臨めば、上司の真のニーズを理解することができるはずです。

②上司の強みを生かす

次のポイントは、上司の強みを生かすことです。上司が自分よりも上の立場にいるということは、単に「年上だから」だけではありません。入社１年目のあなたとは違って、**何らかの強みがある**ということです。長く会社に所属しているだけで出世できてしまうほど世間は甘くありません。上司に何らかの強みがあるわけですから、それが何なのかを理解しましょう。それも部下であるあなたがやるべき仕事のひとつなのです。

③上司の性格を知る

最後は、上司の性格を掴んで仕事をするということです。ひと口に上司と言っても色々な性格の人がいます。「部下たるもの、こうしなければいけない」という理想はありますが、そもそも人間関係というのは相手があっての話です。上司は几帳面な人か、大雑把な人か、リスクを許容する人か、リスクに敏感な人か。そういった上司の性格を見極めて仕事をしていくと、非常にスムーズに仕事が進んでいくようになります。

上司を敵視してしまう人もいますが、**「誰の満足度を高めればお給料がもらえるのか」**と考えれば、**身近な人は誰しもが発注者であり評価者**なのです。上司の満足度を上げられるように上司を理解し、仕事を円滑に進めていきましょう。

2 「バッドニュース・ファースト」

❖「隠す」ことは社員全員の成長を止めてしまう

仕事をしていると、失敗をしてしまったり、問題が発生したりすることがあります。目の前でリカバリーできるものであれば良いですが、「これは大きな問題に発展しそうだ」と少しでも思ったら、すぐに上司に知らせておくことが大切です。これはよく**「バッドニュース・ファースト」**と呼ばれています。

上司のほうがあなたより経験豊富なのは確かですし、同じ問題にも直面したことがあるかも知れません。状況を知らされれば、すぐにどう対応したら良いかを考えてくれます。もしかすると、大した問題ではないのかも知れませんが、とんでもなく大きな事態になってから知らされるのは上司としても困ってしまいます。**報告が早ければ早いほど助かるのです**。

しかし、人間というのは愚かなもので、ミスをしたり問題が起きてしまうと、「隠そう」と考えてしまうこともあります。大企業でも「隠蔽《いんぺい》」のような事件が起きたりしますし、日常の中でも「ひき逃げ事件」のようなことが起きています。いざその立場に立つと、「何とかして逃げ切れないか」と考えてしまうのは人間の弱さなのかも知れません。

けれど、そんなことを考えてしまうのはマイナスでしかありませんので肝に銘じておきましょう。**ミスや問題は「隠す」とか「あとで何とかする」のではなく、すぐに伝えること**。すぐにわかるようにしてこそ次に生かせるチャンスになりますし、あなた自身だけでなく社員全員の成長の糧になっていくのです。

❖積極的に間違える

皆さんが経験してきた受験勉強などでも言えると思います。練習問題を解いて正解が多いとどこか嬉しいものですが、間違いが多いとヘコんでしまう。「過去問でこんなに間違えていて大丈夫なのかな？」と不安になったこともあったでしょう。しかし、ずっと正解が続いていく状況が正しいのかというと、そうではないと思います。

正解が続くということは「この問題について理解していることを確認した」というだけですから、そこには**学びが何も発生しない**わけです。むしろ勉強中というのは間違いが多いほうが「新たに学ぶことができた」と考えられますので、**「時間を有効に使えた」**と言えるのではないかと思います。もちろん、「明日が試験当日」という状況で間違いが多いというのは良くありませんが、試験半年前の勉強中などであれば**積極的に間違えるべき**なのです。**ずっと１００点の問題を続けていても時間の無駄です**。

入社1年目の皆さんは、言うならば仕事における勉強中の身ですから、間違いはしてしまうものですし、上司も**積極的に間違えてほしい**と望んでいます。致命的なミスをしたと感じたら「どうしよう……」とパニックになるかも知れませんが、そもそも致命的なミスをさせてしまうような仕事の振り方はしないはずですから、余計な心配を膨らませなくても良いのです。むしろ、ミスをして怒られたらどうしようとか、自分の評価が下がったら嫌だなどと考えて、**悪いニュースを伝えないのが一番のミスです**。

❖バッドニュースの伝え方

「バッドニュース・ファースト」について説明したところで、バッドニュースをどう伝えるべきかという**「伝え方」**について、もう少し考えてみましょう。バッドニュースの伝え方として、次の3点に気をつけるべきです。

①メールだけで済ませるのは避ける

バッドニュースを伝える際、メールだけで済ませるというのはできる限り避けたほうが良いでしょう。もちろん、電話などよりもメールのほうが詳細を書けますし、形に残るというメリットはあります。しかし、すぐに伝えなければならないものの場合、上司がすぐにメールを見るとも限りません。メールの確認が遅れたために深刻な事態になってしまうというのは避けなければならないのです。まずメールを送り、すぐに口頭で詳細を伝えるなどであれば良いのですが、メールですべてを済ませようというのは避けましょう。

また、上司によってはメールだけという行為を**「逃げている」**と受け止める人もいます。この辺りは価値観の違いもありますが、ことバッドニュースに関してはいつの時代であっても直接報告するほうが良いのは確かです。

②客観的な事実のみを伝える

伝える内容について、まずは**客観的な事実のみを伝える**ようにしましょう。A社からのクレームの電話があったという場合、クレームを受けて動揺してしまい「A社がめちゃくちゃ怒ってます！　ヤバイです！　どうしましょう?」などと上司に言ったところで、状況は全然わかりません。そうではなく、「提供したサービスBに関してA社から10分前にクレームの電話がありました。折り返しの連絡を希望されています」などと、事実のみを伝えるのです。そのうえで、どういった選択肢があるのかなどを冷静に伝え、決して主観的な感情を挟んだりすることのないようにしましょう。

③自分の要望は最後に添える

事実についてすべて伝えたうえで、**最後に自分の意見を添えましょう**。「こんなことがありました。どうしましょうか？」だけで終わってしまうと、ただの丸投げになってしまい、上司から見ても「無責任な新人」という印象が残ってしまいます。自分自身でその事態について真剣に考え、どうすれば解決できるかという意見を出してみましょう。

例えば、「○○という事態がありました。私としてはこうすべきではないかと思いますが、いかがでしょうか」という感じです。客観的な事実をしっかり伝えたあとで、自分の意見を述べ、判断を仰ぐのです。

バッドニュースからはつい逃げたくなってしまうものですが、そんな時こそ上司への相談は的確に行うことが求められます。また、**判断力を鍛えるチャンス**でもあります。ぜひ前向きにとらえて事実と向き合い、誠意を持って伝えられるようになりましょう。

3 第一印象で勝負しろ

❖人は「言語以外のコミュニケーション」によって判断している

「メラビアンの法則」という心理学の概念があります。これは、矛盾したメッセージが発せられた時の人の受けとめ方について、「人の行動」が他人にどう影響するかを判断する実験の解釈です。実験をアルバート・メラビアンという人が行ったため、メラビアンの法則と名づけられました。感情や態度について矛盾したメッセージが発せられた時の人の受けとめ方について、それぞれ何が影響を及ぼすか、次のような結果になりました。

・話の内容などの言語情報……7％
・口調や話の速さなどの聴覚情報……38％
・見た目などの視覚情報……55％

この割合から**「7－38－55のルール」**や、「言語情報＝Verbal」「聴覚情報＝Vocal」「視覚情報＝Visual」の頭文字を取って**「3Vの法則」**とも言われています。いずれにしても、**「言語以外のコミュニケーション」によって人は多くのことを判断している**ということがわかったわけです。

「言葉でしっかりと情報を伝えればわかってもらえるはずだ」というのが当然のように思われますが、実は言語以外の手段のほうがはるかに多くの情報を伝えているわけです。例えば、街を歩いていても、サングラスをして白杖を持っている人がいたら「目が見えないのかな？　何かお手伝いしようかな」と思う人はいるはずです。それは、見た目ですぐに視覚障害者ではないかと判断していることになります。

同じサングラスでも、ガタイの良い男性がサングラスをして胸元から刺青が見えていたりすると、「近づかないほうが良いかな」「目を合わせないほうが良いかな」と思い、その場を離れる人が多いはずです。これも、見た目ですぐに判断しているというわけです。

❖入社1年目に適した見た目とは

それでは、入社1年目の皆さんはどのような見た目であるべきでしょうか。

「仕事ができそうな第一印象」を目指すべく、高いスーツを買ったり、高価な靴や腕時計を買ったり……などの考えは必要ありません。大事なのは**「その人らしさ」**ですから、入社1年目らしい恰好をすれば良いと思います。相手に不快感を与えない、清潔かつスタンダードな装いが基本ではないでしょうか。

スーツを着る職場であれば、最初はフレッシュマン向けの雑誌などを見ながら定番のファッションを真似するくらいで良いと思います。下手に個性を出そうとして奇抜なシャツやスーツを着てしまうと、悪い印象を与えかねません。

また、クリエイティブな仕事の場合にはカジュアルな格好で良い職場も多いでしょう。その場合でも、いくらプライベートで明るい色や個性的なファッションをしていたとしても、少し抑えめの服で様子を見ていくのが無難だと思います。第一印象が重要だと言っているのは、つまり**ファッションやマナーというのが自分のためにあるものではなく、相手のためにあるもの**だからです。一緒に仕事をする上司や同僚など、相手に対して失礼のないようにスーツを着たり、相手が気持ちよくすごせるようにネクタイを締めたりするわけです。それが、**「社会人としてのファッション」**と言えます。カジュアルであってもカジュアルなりに、周囲のことを考えたカジュアルファッションを心がけましょう。

❖自分自身の印象にも少し意識を向けるということ

服装以外に大事な点は**表情を豊かにすること**です。例えば、上司が「入社1年目の皆さんにご飯をご馳走するよ」と言ってきたら、皆さんは「ありがとうございます！　嬉しいです」などと喜ぶことでしょう。その時に、顔の表情はどうなっているでしょうか。「嬉しいです」と言いながら顔が笑っていなかったら、先ほど書いたメラビアンの法則に当てはめると〝9割方「喜んでいない」〟と判断されることになります。社会人としてやっていくうえで重要なのは顔の表情です。ぜひ、表情が豊かな人の顔をよく観察してみましょう。そういった人を見ていると、**ちょっとしたことでパッと表情が変わり、相手にも多くのメッセージが伝わっている**ことがわかります。あまり顔の表情筋が動かない人は、気にしながら動かすクセをつけましょう。

さらに、上司や先輩の話を聞く時にも自分の印象について意識します。「なるほど、そういうことですね」と心の中で思っていたとしても、「ええ」「はい」といった相槌《あいづち》やアイコンタクト、うなずきの動きなどができていなければ「こいつは本当に人の話を聞いているのか？」と不安がられてしまいます。話を気持ちよく聞いてくれる人は好かれますので、人の話を上手に聞けているかどうか、自分の印象を意識すべきでしょう。

ここまで「第一印象を意識しよう」と書いてきましたが、何か特別なテクニックがあるとか、専門のセミナーを受講すればバッチリだとか、そういったものではありません。結局のところ、第一印象というのは**その人の人生や人格などからジワジワとにじみ出てくるもの**でもあるので、「これさえやっておけば完璧」というものではないのです。誠実に仕事と向き合うことをベースに、「＋α」として自分自身の印象にも少し意識を向けるといった意味でとらえていただければ良いかと思います。

4

勝手に「師匠」を設定せよ

❖「師匠がいる」ことが一番の近道

昔はどの業界でも師匠の下に弟子入りする**「師弟制度」**があったそうですが、今では落語などの古典芸能くらいでしょうか。漫才の世界では吉本興業のダウンタウンが初めて師弟制度ではなく、ＮＳＣという学校の卒業生としてデビューしたことは有名です。時代の流れとしては師匠に弟子入りするという動きがなくなりつつありますが、入社１年目の皆さんには**「勝手に師匠を決めたほうが良い」**とお伝えしたいです。

師弟制度では師匠の言うことを何でも聞いたり、生活など身の周りの世話もしたりしますが、これはデメリットかも知れません。しかし、師匠がいることのメリットとしては**「何かを身につける際には近道である」**ということが挙げられます。師匠とは、自分よりも経験が豊富で何でも知っています。その力を借りてしまったほうが、自分の成長のためには早いのです。

❖自分一人でできることには限りがある

仮にあなたがとんでもない天才で、人の力を借りることなく、自分の力だけで何でも目標を達成できるというのであれば問題ありません。しかし、**誰しも自分一人でできることには限りがあります**。私自身も会社に入って、「師匠」と呼べる人がいました（実際に呼んだことはないですが）。その人のやり方などを見よう見まねでやると、速く、確実に仕事を進めることができて驚いたことを今でもよく覚えています。考えてもみれば当たり前で、入社1年目の私より師匠のほうが仕事も速く、確実なのは当然です。だから、その師匠から**基本的なところは学んでしまうのが早い**というわけです。
また、自分一人だけで悪戦苦闘していても壁にぶつかってしまいます。時にはどこに向かって苦労しているのかもわからなくなりますし、やる気も失ってしまうこともあります。しかし師匠とコミュニケーションを取ることで、**師匠という存在自体がひとつの目標になり、時に励まされたりするとモチベーションの向上にもつながります。**

ですから、ぜひ自分の中で勝手に師匠を決めてしまうと良いと思います。とはいえ、「誰が師匠としてふさわしいのかわかりません」という人もいるでしょう。確かに、入社したばかりで先輩や上司のことをよくわからないのに、師匠として崇めることに抵抗を感じるかも知れません。しかし、ここでのポイントは**「勝手に設定する」**ということです。

実際の師弟制度では、師匠の下に弟子入りしたら覚悟を決めてずっと一緒に行動を共にしなければならないでしょうが、そういうわけではありません。先輩の仕事ぶりを見ていて「この人、この部分がすごいな」と思ったら、その部分だけでも心の中で「師匠だ」と設定してしまえば良いのです。

❖他人の優れているところに目を向けると、自分のためになる

多くの人は入社してすぐに先輩の嫌なところを目にしてしまい、同期と集まった飲み会などで先輩の嫌なところを言い合ってしまいます。「うちの部の先輩、こういうところが嫌いなんだよ」「わたしの上司、こんなこと言ってくるの」と、愚痴のオンパレードです。でもよく考えてほしいのですが、皆さんの先輩や上司が経験豊富とはいえ、**人間的に完璧な人などいません。**欠けている部分に目を向けていても何の意味もなく、時間の無駄です。

それよりも、その先輩の**優れているところに目を向けて、その部分において「○○の師匠」と設定してしまうほうが自分のため**なのです。ほかの人格面はともかく、クレーム対応がとても上手で丸く収めることに長けている先輩がいたら「クレーム対応の師匠」と勝手に崇めて、クレーム対応に関することについては徹底的に学べば良い。性格に嫌な部分があったとしても、会議のファシリテートがとても上手くて会議をスムーズに進行するこ

とに長けている上司がいたら「ファシリテートの師匠」として勝手に設定し、ファシリテートに関しては徹底的に学んでいけば良い。そういうことなのです。

仕事に限らず何かを上手にやっている人というのは、ほとんどの場合において**指針となる人の存在が必ずいる**ものです。歌が上手いことでも、スポーツで結果を出すことでも、何でもそうです。せっかく入った会社ですし、せっかく出会った上司や先輩ですから、「何かひとつでも学んでやるぞ」「何かひとつでも吸収してやるぞ」という気概で、勝手に師匠に設定してみてください。きっと、あなたの成長も加速していくはずです。

5

盗め、真似をしろ

❖「ベンチマーキング」とは

師匠を設定し、上司や先輩から学ぶだけでなく、ぜひ社外からも学びを得てほしいと思います。もちろん、社内でも学びは多くあると思いますが、それだけでは上司や先輩を超えて成長することはできません。より早く、より大きく成長するためには、**「ベンチマーキング」**という考え方が非常に効果的になってきます。

ベンチマーキングとは、**特に社外の成功事例の模倣をしながら成功に近づいていく**ということです。商品開発などにおいて完全に他社の真似をしてしまうことは法律上問題がありますが、成果への近道を辿るために模倣をすることは問題ありません。むしろ、成功者ほどこのベンチマーキングを推進していると言えるでしょう。

皆さんはこれまで、学校で「学ぶ」ことを続けていたと思います。その「学ぶ」というのは**「真似ぶ」**と同じ語源なのは有名な話です。成長するための学習というのは、**「真似をして慣れていくこと」**でもあるのです。そのために、「本物をお手本にする」のは勉強のやり方として極めて有効なのです。

❖「ベンチマーキング」を取り入れた成功者たち

メーカーなどモノ作りの業界ではよく、名機の「デッドコピー」を行います。デッドコピーというのは、部品や製品を寸法から材料まですべて分析して100%同じものを複製することです。完璧に複製していくことで、最高の部品や製品がどういった設計思想でどのように作られているのかを追体験し、「理想的な設計とはどうあるべきか」を実践的に学ぶわけです。

同様に、広告業界で有名なコピーライターは、よく「写経」と呼ばれる行為をしています。写経というのは、お経を書き写すかのように、優れたコピーを真似して自分でも手書きで書いてみるということです。そうすることで「デッドコピー」と同様に、どういった思想でコピーライティングをしているのかを追体験して学ぶことができます。

iPhoneを生み出したAppleのスティーブ・ジョブズも、**「素晴らしいアイデアを盗むことに、我々は恥を感じてこなかった」**と語っています。ジョブズですらゼロから考えるのではなく、他社の技術を組み合わせて新しいコンセプトを作る技術を身につけていた、というのは驚く人も多いのではないでしょうか。

この「ベンチマーキング」を会社全体として取り組んでいたことで有名なのが下着メーカーのトリンプでしょう。19年連続で増収増益を記録した頃に社長だった吉越浩一郎さんは、ベンチマーキングを**「TTP（徹底的にパクる）」**と表現していました。他社の成功事例を徹底的に模倣して増収増益を果たした、と言っても過言ではないのかも知れません。

入社1年目の皆さんも「成果への近道」のためには社内に限らず視野を広げ、成功事例をどんどん取り入れていくべきです。同業他社や他業界からでも「上手くいっている方法」を探し出し、真似できるところは真似していくのです。

❖「ベースの仕組み」を取り入れた新しいアイデア

ベンチマーキングをして生まれたサービスなのかはわかりませんが、実際に**「ベースの仕組みは同じ」**という事例は枚挙に暇がありません。例えば、「オフィスグリコ」。オフィスにお菓子が置いてあり、貯金箱にお金を入れたらいつでも買えるサービスです。これは、「富山の置き薬」を置き薬ではなく「置きお菓子」に変化させたというだけです。

また、本格フレンチやイタリアンの世界に「立ち食い」という仕組みを用いたのが「俺のフレンチ」「俺のイタリアン」といった「俺の」シリーズです。さらに、「商店街」という昔ながらの構造をインターネット上で構築し始めたのが「楽天市場」だったりします。他業界における「ベースの仕組み」を自社に取り入れて、新しいアイデアはできないものでしょうか。ぜひ、考えてみてください。

❖「成功者のライフスタイル」をベンチマーキングする

アイデアや成果を挙げるためにベンチマーキングをするというのもそうですが、**「成功している人のライフスタイル」**をベンチマーキングすることで、自身のパフォーマンスが早く底上げされていくというメリットもあります。

成功している人が普段の生活で何をしているのか、私自身もベンチマーキングしたものとして次のような例が挙げられます。

・睡眠

まずは「睡眠」です。成功している人やバリバリ動いて結果を出している人には、「寝る間を惜しんで」やっているような印象があります。しかし、実際に話を聞いてみると、**「戦略的に寝ている」**という人が多いことがわかりました。睡眠を削るのではなく**「睡眠こそが業務効率につながる」**と口々に言います。そこで私も、睡眠にこだわるようになりました。最低でも毎日6時間以上は寝るようにして、どんな日でも起きる時間は一定にします。枕や布団にもこだわって、睡眠の質が高くなるようなものをチョイスします。また、すぐに入眠できるように寝る前はテレビやスマホなどの〝ブルーライト〟を避けるようにしました。ブルーライトは神経を刺激してしまい、快適な睡眠の妨げになってしまいます。

・環境作り

成功している人は、集中して仕事をする **「環境作り」** が上手い、ということもわかりました。例えば、没頭して仕事をしたい時は、モーツァルトなどの音楽を聴きながら仕事をしている人がいました。また、1週間のスケジュールを聞くと、どこかで必ず頭を空っぽにして体を動かす時間を作っている人も多くいました。脳を休めるためにゲームをするのではなく、マラソンやトライアスロンをするなど体を動かすのです。思い返すと、優れた職場ほど有志で運動系のサークル活動をするなど、体を動かす習慣があるように思います。

・情報収集

成功している人は、情報収集の方法にも特徴があります。成果を出す人は、情報を選別するというよりも、とにかく情報に触れています。情報過多の時代だからと取り入れる情報を制限してしまうのではなく、**触れられる限りとにかく多くの情報に触れる**のです。情報が増えると、もちろん、無意味な情報もたくさん入ってくると思うのですが、その膨大な情報から**「いかに良質な情報の比率を高めるか」**ということを意識的にやっていました。

昨今は「スマホ断ち」ということも言われますが、情報を遮断《しゃだん》すれば、良いアイデアがすぐ浮かんでくるというものでもないようです。とにかく、たくさんの情報に触れながら「どれだけ質の高い情報の比率を高められるか」という動きをしているようでした。

ぜひとも、社外の成功者の動きをベンチマーキングしながら、仕事の効率化を図っていってほしいと思います。

6 コミュニケーションは目的を重視せよ

❖何のためにコミュニケーションを取るのか

皆さんはコミュニケーションに自信がありますか？

日本経済団体連合会（経団連）が2017年に実施した「新卒採用に関するアンケート調査結果」では、新卒採用の選考の際に重視する点として「コミュニケーション能力」が15年連続で1位となっています。**皆さんには「コミュニケーション能力」が期待されているのです。**

昔は家に置かれた電話機で会話するような時代がありましたが、今ではメールやLINE、メッセンジャーやスラックなどあらゆる方法があります。しかし、これらはコミュニケーションの**「手段」**にすぎません。重要なのは、**「何のためのコミュニケーションなのか」**を意識するということです。

そもそも、人は何のためにコミュニケーションを取るのでしょうか。当たり前のような話かも知れませんが、まずは「コミュニケーションの目的」を改めて考えてみましょう。

①人間関係を構築する

朝、会社に行くと「おはようございます」と挨拶をしますが、これもコミュニケーションのひとつです。挨拶をしなかったらどうなるかを考えてみると、「何でアイツは挨拶をしないんだ」「無視された。意味がわからない」などと言って、あっという間に人間関係がめちゃくちゃになります。つまり、**コミュニケーションは日常的な人と人とのつながりを構築するために必要なもの**です。人間関係を構築するには、挨拶から始まり、自分を知ってもらうことや相手を理解する姿勢が重要になってきます。

②情報交換や情報共有

会社というのは様々な情報が飛び交い、それらの情報を共有しながら組織として前進していきます。そのためにも起きたことを報告したり、状況を説明したり、チームに連絡をしたりします。そういったコミュニケーションによって、情報に対する理解がより深まり、組織として結果を出すことや良好な人間関係を築くことにもつながっていきます。

③相手に対して行動を促す

コミュニケーションは、相手が存在します。その相手を導いて自分の意図する方向へ行動してもらうためにも、コミュニケーションは重要です。それが直接的な行動でも間接的な行動でも同様です。指示や命令をして実行してもらうこと、依頼をして動いていただくこと、説得をして皆に協力してもらうこと、**すべて相手に対して行動を促しています**。

こういった目的があるにもかかわらず、実際に仕事の現場では目的が忘れられてしまい、「メールで伝えよう」「電話したほうが早い」などと手段の話をしがちです。

続いて「コミュニケーションの目的を意識するコツ」について考えてみたいと思います。

❖自分の状況を客観的に眺める習慣のつけ方

人間関係でトラブルが起きてしまったり、仕事で伝達ミスがあった際は、**コミュニケーションの目的を忘れないことが重要です。そのためにも、自分の置かれた状況を客観的に眺める習慣**をつけてほしいと思います。トラブルやミスがある時ほど、自分を客観視できなくなっていることが往々にしてあるからです。自分の置かれた状況を客観的に眺める習慣としては次のような動きがポイントになります。

・目的を具体化して可視化する

コミュニケーションでトラブルが起きた時、最終的に何をしようとしているのかを具体的にしましょう。例えば「問題を上司に伝える」だけではなく、「社内システムの問題点について上司に把握してもらい、次の打つ手として何をすべきか判断できるような状態にしようとしている」などと具体的にしておくのです。そのうえで、その具体的なことを紙などに書いておくと、より客観視できると思います。

・自分の立場と置かれている状況を明確にする

さらに、そのトラブルに関して自分の立場はどこなのか（担当者やメンバーの一人など）、上司はこの問題を把握しているのか、この問題を早く伝えなければいけない理由は何なのかなど、**状況を明確にしておくことが重要です**。仮に同じ状況だとしても、立場が違うと考えるべきことも違ってきますし、同じ立場の人であっても状況に応じて目的を柔軟に変える必要があるからです。

コミュニケーションというと、どうしても最新のツールやテクノロジーに目が行きますが、**根底にあるのは人と人とのつながりであり、求められるのは冷静かつ的確な対応です**。自分を客観視しながら、状況に応じてベストなコミュニケーションができるよう意識していきましょう。

7 「同期」の意味を理解しよう

❖「同期」とのかかわり方次第で、自己成長は止まる

皆さんが1年目を迎える時、同じ会社に同期入社の仲間がいるかも知れません。「同期で一緒に入る仲間」というのはどういう意味を持つのか考えてみます。

これから社会に出るにあたって不安もあるでしょうから、同期の仲間がいるというのは「心強い」と思うかも知れません。しかし、同期の存在というのはメリットもあればデメリットもあります。この辺りをしっかり理解しておく必要があります。

まずメリットとしては、前述した**「心強さ」**があるかもしれません。それに、人にもよりますが困った時に助け合ったり支え合ったり、良き仲間になってくれる人がいるかも知れません。大きな会社になると「同期会」などといって定期的に集まって飲み会をしたり、愚痴を言い合ったりもするでしょう。

しかし、デメリットも多くあります。同時期に入社しているということは**比較対象になりやすい**ということが挙げられます。同期が先に新しい仕事を覚えていると焦ってしまうこともあるでしょう。先に何らかの役職に就いたりしても同様です。また、自らの視点だけでなく、他者から見てもそうです。上司から「同期のアイツと比べてお前の仕事は遅いなあ」などと言われて悔しい思いをすることもあるかも知れません。実際、私は同じことを経験したことがあります。初めは同期の存在が心強かったのですが、上司から優秀な同期と自分を比較されるたびに悔しくて仕方がありませんでした。

けれど、今思えば**人と比べても、何も良いことなんてありません**。つまり、**「気にするな」**ということです。自分は自分、人は人ですから、何かの目安になることはあっても、いちいち比較をして一喜一憂するなど時間の無駄だと思います。

ほかにもデメリットとして、先ほど例に挙げた「同期会」などでみんなと愚痴を言い合ったりするのが**実は非常に危険な行為**です。こういった場に居続けてしまうと居心地が良くなってきます。同じ歳で同じ時期に入社した皆といつまでも顔を合わせ、会社や上司の愚痴を言い合うと居心地は良いのかも知れませんが、あなたが成長することはなく、むしろ**破滅の道を進んでいる**と言えるかも知れません。

❖ 3つのゾーンとは

この「居心地の良い場所」というのは一般的に**「コンフォートゾーン」**と呼ばれています。ビジネスの世界では「コンフォートゾーン」を含め次の3つのゾーンがあると言われています。これは、もともと大手電機メーカーGEの成長を支えたノエル・ティシー氏がまとめたフレームワークとして有名なものです。

・コンフォートゾーン（Comfort zone）

- **・ラーニングゾーン（Learning zone）**
- **・パニックゾーン（Panic zone）**

ひとつ目の「コンフォートゾーン」というのは、日常的に何もチャレンジしていない場のことです。いつも通りの慣れた仕事や気心の知れた仲間たちに囲まれ、**自分の能力を高める必要性が特にない状態**です。

2つ目の「ラーニングゾーン」というのは、コンフォートゾーンから一歩外に出ている場所です。仕事の手順もわからず、新しい人間関係がある。まるでアウェイの感覚ですが、それでも**自分のことはコントロールでき、対応可能な状態**です。

そして3つ目の「パニックゾーン」というのは、ラーニングゾーンからさらに外に出た過酷な場所です。自分自身ではコントロールもできない状態に陥り、何をすれば良いのかまったく考えられません。前進も後退もできず、まさに**パニックになりそうな環境**です。

❖入社1年目に最適なゾーン

これら3つのゾーンのうち、入社1年目の皆さんが成長していくためには**「ラーニングゾーン」に身を置くべき**です。いつまでも同期の仲間と肩を並べて愚痴を言い合ったり、傷をなめ合ったりしていても「コンフォートゾーン」から抜け出すことはできません。居心地が良いので、上を目指す気力もなくなり、新しいスキルを身につけようとするモチベーションも削ぎ落とされかねません。

一方で「パニックゾーン」でも、あまり学びを得ることはできません。また、「コンフォートゾーン」と同様にモチベーションは削ぎ落とされてしまいます。ストレスを抱えて身体に不調をきたしたり、精神的に疲れてしまうなど、**生産的な活動ができなくなってしまう**からです。ですから、コンフォートゾーンとパニックゾーンの中間に位置する**ラーニングゾーンに身を置くことが、成長のためには最適**と言えるでしょう。

皆さんに意識してほしいのは、**「自分は今どういう環境に身を置いていて、どこのゾーンにいるのか」**ということです。そして、比較すべきは同期ではなく「自分が描く理想の姿」であったり、「目指す上司」や「過去の自分」などと比較しながら、自分自身がコンフォートゾーンに留まっていないかを判断してもらいたいものです。

ただ単に毎日忙しいから「ラーニングゾーン」というわけでもないですし、仕事でパニックになったから「パニックゾーン」だというわけでもありません。同期は気にせず、アウェイの感覚で自分を磨きながら成長していきましょう。

8 報告や連絡はいいけど、相談はしよう

❖「報・連・相」とは何か

「報・連・相」という言葉を聞いたことがあると思います。報告・連絡・相談を略したものです。新入社員研修では、この「報・連・相を必ず実行するようにしましょう」という話があるかも知れませんが、私はそうは思いません。

それは、報告・連絡・相談をそれぞれじっくり考えてみるとわかります。

まず「報告」では、頼まれていた仕事の結果を伝えたりするケースが当てはまります。

「あの仕事どうなった？」

「あ、それは午前中に完了しています」

「なんだ、だったら報告してよ」

「すいません」

といった感じですね。


続いて「連絡」は、確定事項を関係者に周知させるケースなどが当てはまります。

「さっきの会議の議事録、取ったか？」

「はい、書いておきましたけど」

「じゃあ、部署のメンバー全員に連絡しろよ」

「わかりました」

といった感じでしょうか。


報・連・相の「報告」と「連絡」に共通するのは、**「過去に起きたこと」**です。過去に起きた出来事を伝えることを報告や連絡と言ったりして、それが必須であるというのが従来のビジネスの現場で言われていたことなのですが、ここに私は疑問を感じています。

❖「報・連・相」の中で何が一番重要か

日本の企業では、この**「報告」と「連絡」に時間を使いすぎたり、注意を払いすぎて無駄な動きが多く発生しているる**と思うのです。余計な報告書を大量に書かせたり、わざわざ会議を開いて情報共有をしたりというものです。もちろん、ビジネスをするうえで「報告」と「連絡」は欠かせないのですが、昨今はＩＴツールが発達していますので、**時間をかけずに情報共有できるような仕組みがいくらでもあります**。ぜひ皆さんの職場で「報告」と「連絡」に時間がかかりすぎている、「これは本当に必要なのか？」と思うことがあったら、対応するツールを探して提案してみると良いでしょう。

そして「報・連・相」において重要なのは、**「相談」**です。相談というのは事前にリスクを減らすために話し合ったり、ミスの予防策を検討することです。まだ確定していないことを議論して、仕事を進める役割があり、非常に重要な動きだと言えるでしょう。

例えば、プレゼン資料を作成する場合、完成してから報告に行くのではなく、事前に完成形について相談をしておくと、間違ったゴールを目指さなくて済みます。上司も早めに相談してもらったほうが安心でしょう。そしてそれは、必ずしも会議室で部署全員を集めて行うことではありません。むしろ、ちょっとした時間に一対一で話すものを「相談」と言います。最近ではリモートでTV会議ツールを使った相談もできるでしょう。

❖一番重要なのは「相談」

昔は確かに「報告」と「連絡」も重要でした。それは業務内容が画一的だったからだと思います。同じ商品やサービスを提供する場合には、マニュアルに従って量をこなすという仕事の進め方でした。その場合には、品質を一定にするために事後の「報告」や「連絡」が重要視されていたのでしょう。

しかし、現代はお客様のニーズも多様化し、世の中も大きく変化しており、**正解がより**

わかりにくい時代と言えます。そんな状況では、**事前に「相談」をしながら微調整をしつつ前進する**という動きが重要になってくるのです。だからこそ「相談」に重きを置くべきなので、**上司に小まめに相談すること**。「こんなこと、相談しても良いのでしょうか？」と遠慮してしまう人も多いと思いますが、そのこと自体を相談してしまえば良いのです。「こんなことをお聞きしても良いのかわかりませんが、ちょっと相談しても良いでしょうか？」と。

仕事にまったく関係のない無駄話は就業時間中には控えるべきですが、仕事に関する疑問や質問などがあれば、どんどん相談していくべきです。上司も小まめに相談されないと不安になってしまいます。逆に「そんなことを相談してくるな！」などと怒ってくる上司がいたら、その人は上司失格なので、「良い上司」と「ダメな上司」が見極められる良い判断材料だと思います。

相談を持ちかける際にも、「ちょっとお伺いしたいんですが」と気軽に聞くようにしましょう。深刻な雰囲気で「相談があります」と言ってしまうと上司は身構えてしまいますし、「もしかして退職の希望？」と余計な心配をさせてしまいます。事態が重くなる前にマメに相談するようにしましょう。

9

伝わらないのではなくて伝え方が悪いのだ

❖なぜ「伝わらない」のか

仕事は一人で行うものではなく組織やチームで行うため、重要なのは「コミュニケーション」です。しかし、**「コミュニケーションミス」**は仕事上でも頻繁《ひんぱん》に起こっています。「伝えたはずなのに伝わっていない」「指示を出したのに間違って認識されている」など、ともするとクオリティの低下や時間の大きなロスにもつながりかねません。では、皆さんがコミュニケーションにおいて何に気をつけるべきかというと、まずは**「伝え方」**にこだわってほしいと思います。

「コミュニケーションミス」でよく起こるのが、「伝えたはずなのに」というものです。これはプライベートでも同じですが、相手にこちらの意図を伝えたからといって、それだけで100%期待した結果が返ってくるとは限りません。**「伝えた」ということと「伝わった」ということには、大きな違いがあるのです。**コミュニケーションミスの現場でよく耳にするのは「伝えたのに上司が全然わかってくれない」とか「メールで伝えたのに、内容を全然理解してくれない」などといった**「受け手への責任転嫁」**です。

ここで考えなければならないのは、本当に受け手が悪いのかということです。あなたの伝え方は、誰が聞いても誰が読んでも100%理解できるものでしょうか。これまで多くのコミュニケーションを見てきましたが、**コミュニケーションミスのほとんどが発信者側に責任があるのではないか**と思います。

❖「伝わる」伝え方

では、上司や先輩にしっかりと伝わる「伝え方」はあるのでしょうか。ここでは最低限押さえておきたい伝え方のポイントを3つ書きます。

①短く伝える

長いメールや分厚い資料をよく見かけます。会議でもやたら話の長い人がいます。そう、人間は余計な情報を足してしまいがちです。自分の持っている情報をすべて発信しようとしてしまい、枝葉の情報までも伝えようとして、話に尾ひれはひれがついてしまいます。ですから、何かを伝えようとする時は**とにかく短くすること**。「最低限、何を伝えるべきか」にフォーカスして、一番伝えたいメッセージを中心に、伝える情報の「選択と集中」をしていきましょう。

②ロジカルな文章を意識する

「論理的な」を意味する「ロジカル」という言葉があります。**論理的に物事を伝えるというのは世界共通のビジネスルールです**。例えば、「午前中の契約の件、どうなった？」と上司に聞かれて、次のように答える新人がいたとします。

「はい、まず契約書の件についてA先輩に連絡をして、そのあとお客様担当のBさんに相談をしたんですが、そこでお客様からご意見をいただきましたので変更をしましたら、今度は営業部から契約書への意見をいただきまして、それからCさんの……」と説明を続けます。こうなると上司は呆れて「もういいや」と言って、ほかの人に確認をするかも知れませんし、「結論を言え！」と怒り出すかも知れません。

それに対して「人に聞いておいて何だよ」「うわ、怒られた。うぜえ」などと文句を言うのは、誰が見ても間違っていると思わないでしょうか。

ここではロジカルに伝えなければいけない場面です。この場合、「結論から言うと」を口グセにしてしまうのが良いと思います。「結論から言うと……」と口にすると、結論を言わなきゃと頭が働きます。そして結論を口にすると、「なぜなら」と続けて言いたくなるのです。前述の例で言えば、「まだ決まっていません。なぜならば……」と結論から話をしていくだけで、上司への伝わり方が格段に違ってきます。

③絵が浮かぶように話す

最近はYouTubeで様々な情報を得ている人も多いと思いますが、文字情報よりも映像のほうが格段に情報量が多くなります。ですから何かを伝える時も、いかに情報量を多く伝えられるかを考えてみましょう。例えば、近くにホワイトボードがあれば絵を描きながら伝える。対面で説明している時には、スマホで写真を見せながら伝える。関連する資料があればそれを見せながら伝える。とにかく、**言葉だけでなくほかにも情報を伝える手段がないか**を考えるのです。

人は文字情報を目から読み取ったり、口頭で耳から伝えられた情報を頭の中でイメージしています。ここで間違った伝わり方をすると、コミュニケーションミスが発生してしまいます。ですから、ミスを回避するためにも、**最初からできる限りイメージしやすい形で伝えるようにする**のです。

伝える側がこういった努力をせずに「伝えているのにわかってくれない」と言うのは、ただの怠慢です。「どうしたら伝わるだろうか」「もっとわかりやすく伝える方法はないか」と考えるのも、皆さんの仕事であるということを理解しましょう。

10

「反面教師メモ」を作ってみよう

❖自分が反面教師になってしまう

「周りの人の、悪い部分ではなく良い部分を見るようにしましょう」とよく言われます。ただ、「上司のこの部分はどうしても理解できない」「こういう発言は許せない」ということも時にはあるかも知れません。「入社1年目なんだから、そういったことすべて目を瞑《つむ》って我慢しろ」とは言いません。そんな時代でもありません。ただ、そこで腹を立てたり、戦ったりしても時間がもったいないですし、疲れてしまいます。そんなことよりも私がオススメしたいのは、**「反面教師にする」**ということです。

「理解できない」とか「その発言は許せない」という部分に関して、なぜそう感じたかを冷静に考え、「自分自身は同じことをしないぞ」と心がけていくのです。そう書くと簡単なように聞こえますが、これが実は難しいもので、「反面教師にする」と誓っていても、数年経つと同じことを自分がやっていたりします。

例えば、新入社員の歓迎会でビールを飲むよう強要されてしまうような場面です。お酒が苦手だとしても、新人歓迎会では上司がビール瓶を傾けてきて、「まあ一杯飲めよ」などと言ってきます。そこで「いえ、私はお酒が苦手なので」と言っても「何だよ、俺の酒が飲めないのかよ」などと言われてしまったりするのです。

そこで嫌な思いをして「反面教師にしよう」と思っていても、自分が何年後かにいざ上司になって新入社員の歓迎会に出ると、新人に対して同じようなことをしていたりするのです。結局これは、脳の中に「こういう場面ではこういうことをする」という記憶が残ってしまっているので、何の気なしにやってしまうことが多いのだと思います。

❖「反面教師」を文字にする

「反面教師にする」という考え方は何も役に立たないじゃないかと思われるかも知れませんが、私は自分なりに工夫をしていました。それは**「反面教師メモ」**というメモをつけることです。例えば、上司が些細《ささい》なことですぐにカッとなって怒り散らすような人だったとしましょう。その時に「あんな風にすぐカッとなって怒るような人にはなりたくない」と感じたとしても、脳の中では「些細なことでカッとなって怒る」という動きがインプットされ、自分でもいずれやってしまいかねません。

そこで「反面教師メモ」に「どんな時でも穏やかな気持ちで対応できる人になろう」と**ポジティブに変換して記入する**のです。メモに書いたポジティブな言葉でネガティブな事実を上書きするイメージです。そうやって、ポジティブなイメージの理想像をしっかりと記しておき、定期的に読み返してインプットしておけば、いくら反面教師の人が身近にいたとしても、間違った方向には向かわないのです。

❖「反面教師メモ」から得られること

「反面教師メモ」には2つのメリットがあります。

ひとつは**「自分の理想像を描きやすくなる」**ということ。

私も若い頃はそうでしたが、最近は「自分の将来像を思い描けない」という人が増えているようです。なぜ思い描けないかというと、自分の身近に目指したいと思えるような人がいないからです。何かお手本がないとイメージしにくいということなのでしょうが、気持ちはよくわかります。ただ、そういう人は立派な人が目の前に現れたとしても「あんな人にはなれないよ……」と思ってしまい、結局は将来像を思い描けなかったりするものです。

しかし、「ああはなりたくない」と思えるような人については、身近にいたりするわけです。であれば、その「なりたくない人」を「反面教師」として、それを足がかりに将来の自分の理想像を描けるようにすれば良いのです。

「ああはなりたくない」と思うことがあったらポジティブに変換してそのイメージをどんどん書いていきます。それが増えていくたびに、**自分の理想とするイメージが固まっていく**というわけです。

そしてもうひとつのメリットは、**「目の前の嫌なことを嫌だと思わなくなること」**です。

「反面教師メモ」を書き始めると、メモ帳の余白を埋めたくなっていきます。ネタが増えていけばいくほど自分の理想のイメージが固まりますから、早くネタを書きたくなるわけです。そうすると、目の前で上司が嫌なことを言ったり、同僚に嫌な態度を取られたりすると、「よし、これはメモに書こう」とか「またひとつネタが増えた」とポジティブにとらえることができるようになるのです。

私も実際にメモをつけていて、とても不思議な感覚に陥りました。ネタを提供してくれる苦手な上司に、段々と感謝すらするようになったのです。「今日もネタを提供してくださりありがとうございます」と。先ほども「物事はとらえ方次第」と書きましたが、まさにこれも同じことです。目の前の苦手な上司の振る舞いに腹を立てることもできますが、**「上司としてやってはいけない数々の失敗を、自分の代わりに実践してくれた」**ととらえれば、感謝の念すら湧いてくるものなのです。

不思議なもので、そうとらえられるようになると以前は苦手だった人でも、自分にとって「ありがたい存在」に感じられるようになっていきます。そうすると精神的なストレスも軽くなり、今までよりも楽しく仕事に取り組めるようになるものです。

私の場合は、最終的に反面教師だった上司が異動することになり目の前からいなくなってしまいましたが、手元には素晴らしくポジティブなメモだけが残りました。私は何度もそれを読み返しながら、のちに理想の部署を作り上げていくことができるようになったのです。

11

もし飲み会に誘われたらどうするべきか

❖飲み会や忘年会で経験すべきこと

「忘年会スルー」という言葉がメディアで取り上げられていました。会社で年末に開催される忘年会に参加しない社員が増えているという話題でした。実際のところ、皆さんはどうでしょうか。「会社の飲み会なんて、わざわざ参加したくない」とか「参加するなら残業手当をつけてほしい」とか色々な意見があるかと思います。

個人的には飲み会や忘年会は「自分の意思で判断すれば良い」と考えており、出たほうが良いとも出なくても良いとも言えません。会社の方針やその場の雰囲気に従えば良いのではないかと思います。ただひとつ、どうせ飲み会があるなら経験してほしいことがあります。それは**「幹事をやる」**ということです。

幹事をこなす能力というのは、仕事にも役立ちます。ですから、ぜひとも一度は経験してほしいと思うのです。

❖幹事に必要な能力とは

では、どのような能力が必要で、どう生かせるのか、具体的に書いてみましょう。

・企画力

会社の飲み会であれば何らかの意味があって開催するケースがほとんどです。忘年会なのか新年会なのか送別会なのか歓迎会なのか。そのコンセプトに沿って、どのような飲み会にするのかを考えていかなければなりません。つまり、企画の軸となる部分です。誰が主役になるのか、誰を立てるべきなのか、それによって会場も変わってきますし、個人個人の会費も変わってきます。そういった全体の企画力が必要になってくるのです。

・スケジュール調整力

飲み会において難しいのが日程調整です。部署内の飲み会など少人数であれば良いのですが、忘年会など部署をまたぐものになると全員参加が難しかったり、大事な予定と重なっていたりすることが必ずあります。まず、どのように調整していくかが大事で、誰の予定を優先していくべきかも考えなければなりません。また、参加する人数によって会場も変わってくるので、ここをしっかり決めないとあとで大変なことになってしまいます。

・ニーズの把握力

飲み会に求めるものは人によって異なります。あくまで例ですが、男性ばかりであれば賑やかで騒げるお店だったり、女性が多かったらお手洗いが綺麗なお店かどうか、座敷ではなくテーブル席が良いのではないかといった配慮も必要です。また、喫煙者がどれだけいて、嫌煙者がどれだけいるのかも重要です。お酒が飲めない人がいる場合には、ノンアルコールのドリンクメニューが充実しているかどうかも大切です。

・リサーチ力や分析力

優れた幹事はお店に関する情報に長けているものです。それは日頃からリサーチを欠かさず、気になるお店があったら実際に足を運んで体験しているからです。また、過去に先輩が開催した飲み会についても話を聞いてデータを収集しておくというのもポイントです。せっかく実績があるわけですから、その情報はストックして参考にすべきです。

・視野の広さ

当日に幹事がすべき仕事は、「気配り」です。誰に挨拶をしてもらうか、料理や飲み物が行きわたっているか、暑そうな人や寒そうな人はいないか、体調の悪そうな人はいないかなど、とにかく気を配ることが重要です。これは、のちに組織をまとめるマネジメント力を養うトレーニングにもなっていくはずです。

・予算管理

会費の徴収をスムーズにしたり、明確にする必要があります。お金が絡む話ですので、ここを上手くやらなければせっかくの楽しい飲み会が台無しになってしまいます。上司から多めにもらうという場合も、スムーズに気持ちよく支払ってもらえるよう、事前に根回しをしておく必要があるでしょう。

このように、箇条書きで書いてみても本当にたくさんの力が求められるのがわかります。しかし、仕事ではなく飲み会ですから、失敗しても会社がつぶれるわけではないですし、「新人だから仕方ない」と大目に見てもらえるはずです。むしろ、失敗を重ねながら幹事力を養っていくことでビジネススキルも身について一石二鳥ではないかと思います。

❖他人が嫌がることを積極的に行う意味

また、入社1年目というのは多くの人がスキルや経験不足のため、個々を見てもそんなに差はないものです。ただ、仕事を任せられるかを飲み会での振る舞いで判断されることが実はよくあります。飲み会は仕事ではないので、誰もが幹事をやることは嫌がるでしょう。しかし、**皆が嫌がることを積極的に引き受ける**というのはひとつのアピールになるはずです。

皆と同じ仕事をしているのに、自分だけ給料が増えてほしいなどと願うのは虫のいい話ですし、まずありえないことです。やはり、人が嫌がることや避けたいことに積極的に首をつっこんでいくことで経験値が上がり、評価されるようになります。

それは幹事に限った話ではありませんが、「幹事、やってみる?」と聞かれる機会があったら、ぜひこのことを思い出して手を挙げてみてほしいと思います。飲み会自体が面白くないものだったとしても、その場を作り出す「準備」に意味があるのですから。

本章のまとめ

・最初に接する「お客様」は、上司である
・悪いニュースこそ速く的確に伝えていこう
・自分自身の印象に意識を向けるようにしよう
・同業他社でも異業種でも「真似」は積極的にする
・同期とつるんでいないでラーニングゾーンに身を置け
・「報・連・相」では「相談」だけに重きを置けば良い
・「伝える」ことと「伝わる」ことは一字違いで大きく違う
・嫌なことを「反面教師」ととらえられる仕組みを作れ
・飲み会が嫌いでも、幹事は経験しておくべきだ

第4章

壁にぶつかった時に意識したい9つのコツ

無知を恐れてはいけない。偽りの知識を恐れよ。

パスカル（哲学者・物理学者）

1 怒られる意味

❖次の成功確率を高めるために上司は注意する

入社1年目の皆さんですから、注意されたり怒られたりすることもあるでしょう。そんな時に「うぜえ」「最悪」「ムカつく。もう辞めたい」などと反射的に言っているようでは、どこに行っても通用しません。よっぽど上司が頭のおかしい人で、誰彼構わず怒り散らしているなどであれば仕方ないですが（そんな人が上司になってしまう会社もどうかと思いますが）、そうでなければ**「怒られた意味」**を冷静に考えてみてほしいのです。

まず、仕事をしていれば誰しも失敗をします。それは上司でも社長でも同じです。失敗をしてこなかった人などいません。そしてその失敗をした時に大事なのは、「これは失敗だ」と認め、「次はこうしなければいけない」と理解することです。そうすることで次の失敗の確率を下げることができます。そこに気づくには経験が必要です。つまり、新人では気づかない可能性もあります。

上司が注意してくるというのは「そっちじゃない、こっちに行くべきなんだよ」「こうすれば余計な失敗をしないぞ」と、**次の成功確率を高めてくれようとするために怒ってきます**。ですから、最初のポイントは**「とにかく素直に聞く」**ということ。そして指摘されたことについて**「何を言っているのか」を理解する**ようにしましょう。

次のポイントは**「指摘していただいたことに感謝する」**ことです。指摘するという行為は、少なからずあなたへ期待する気持ちがなければしないものです。まったく期待していない社員や、どうでもいい社員に対して、上司は怒る意欲すら湧きません。怒ったり指摘したりすることは時間やエネルギーを消耗します。上司からすると、致命的なミスでもなければ何も言わずにスルーするのが一番ラクなのです。それを、時間とエネルギーを使って指摘してもらっているわけですから、実は非常にありがたいことなのです。ぜひとも、前向きにとらえていきましょう。

注意されること、怒られること、すべてのことには意味があります。その出来事はあなたに何を教えてくれようとしているのでしょうか。その辺りを理解している優秀な新人というのは、ただひたすら「すみません！　すみません！」とくり返し謝るのではなくて「ご指摘いただきありがとうございます。次からは気をつけます」と、感謝を交えながら返答ができるようになります。もちろん、ミスの内容によっては「申し訳ございません」とまず謝ることが大事です。そのうえで、指摘していただいたことに感謝を表すようにしましょう。

❖指摘されたり怒られたりした「そのあと」が大切

また、入社1年目の皆さんの場合、指摘されたことにショックを受けて大きく落ち込んでしまう人もいるでしょう。悲観的になってしまったり、仕事が手につかなかったりする人もいるかも知れません。しかし、そうすると上司や周囲からは「ちょっと指摘しただけですぐに落ち込む」「怒られただけで仕事が手につかなくなるのか」という目で見られてしまいます。「メンタル弱すぎ」「仕事ができないやつ」というレッテルを貼られてしまうと、次の仕事を頼まれにくくなってしまいますし、「扱いにくい」と思われてしまい、何も良いことがありません。

指摘されたり怒られたりした時は**「そのあと」**が大事です。そのあとの対応次第で、今まで以上に上司から信頼してもらえるチャンスになるのです。少し時間を置いてから「昨日はすみませんでした。ご指摘ありがとうございます。昨日の修正をしてみたのですが、確認していただいてもよろしいですか？」などと、**今まで以上の仕事をぶつけに行く**のです。そうすることで、「こいつは育てがいがあるぞ」と、一目置いてもらえるはずです。

指摘されたあとに「やってはいけないこと」は、**無駄に落ち込むだけでなく、怒ってしまうこと**です。入社1年目で仕事もまだ覚えていない状態で「怒り」を出してしまうのは、何も良いことがありません。会社における人間関係の悪化にもつながりますし、社内からどんどん居場所がなくなってしまうかも知れません。怒られた時こそ「そのあとが大事」と考え、冷静になりましょう。

ただし、怒っている上司の中には、まれに「単に怒りたいだけの人」や「怒っている自分に酔っている人」もいます。昨今はパワハラがうるさい世の中ではありますが、それでもまだ理不尽に怒る人はいるものです。最初のポイントで言ったように、上司の指摘を素直に聞いてみて、どうしてもおかしい、納得がいかないということもあるかも知れません。そんな時でも、イライラする気持ちをグッと抑え、表面上は「わかりました」「おっしゃる通りです」という顔で聞き流しましょう。あなたが大人の対応をすることで、上司もとりあえず良い気分でいてくれます。

ただし、「人格を否定してくる」「暴言を吐いてくる」などあまりにもひどい場合は、単なるストレス発散の可能性があるので、そんな会社は早く辞めてしまったほうが良いのかもしれません。その辺りは冷静に見極める必要があるでしょう。

2 失敗することの重要性

❖成長するうえで必要なのは、失敗を重ねること

先ほど「仕事をしていれば誰しも失敗をします」と書きましたが、「失敗」ということについてもう少し考えてみましょう。

「失敗」と聞くと、誰しもが嫌がり、避けたがるものだと思います。「できれば失敗のない人生を歩みたい」「失敗の経験はもうたくさんだ」と思うことでしょう。しかし、皆さ

んが当たり前のようにできていることの裏には、**必ず失敗があること**を忘れてはいけません。

私には小学生の子どもがいますが、子どもが赤ちゃんの時はできないことだらけでした。一人でご飯を食べることもできなければ、トイレに行くこともできません。ですから、子育てというのは本当に大変だと感じました。しかし、スプーンを握れるようになったかと思えば食べものを自分で口に持っていけるようになったり、「トイレトレーニング」をすることによって自分で用を済ませることもできるようになっていきました。

しかし、その過程では何度も失敗がありました。スプーンを落としてしまい食べものが床に散らかったり、オシッコがトイレの床に垂れてしまったり。そういった失敗を経て、現在当たり前のようにご飯を食べたり、トイレに行ったりすることができているわけです。

これは、ご飯やトイレに限らず何でも同じことです。歩くこと、話すこと、買い物をすること、パソコンで文字入力をすること、あなたがやっている行動すべてにおいて、失敗の経験を経て普通にできるようになっているのです。ですから、入社1年目の皆さんがこれから仕事を覚えて社会人として成長するうえで必要なのは、**失敗を重ねること**です。人は失敗することで成長していくのです。

しかし、私たちは失敗やミスをすると幼い頃から怒られたり注意されたりしてきました。学校では失敗すると減点され、教師から怒られたりしたでしょう。そういった教育の影響もあり、失敗やミスに悪いイメージを抱くようになっているのではないかと思います。「成功か失敗か」という二元論で育ってきてしまうと、極度に「失敗しないでいよう」として何も行動しない人が生まれてしまいます。

実はこの**「何も行動しない人」**というのが一番良くありません。**人はより難しいことにチャレンジしているからこそ失敗する**わけです。失敗は避けるものではなく積極的に取りに行かなければなりません。チャレンジして失敗し、そこで初めて自分の間違いに気がつきます。**本来は失敗か成功かではなく、その後の「学び」が大切なのです**。成長するためには学び続けることが大切ですから、失敗か成功かで一喜一憂するようなことは、成長の本質ではないのです。

❖学ぼうとしない、何もしないことが「失敗」

より難しいことにチャレンジするのは確かに不安ですし、時には大怪我のような状態になるものです。しかし、何度かくり返していくうちにコツも掴めてきます。そして、自分自身のクセにも気づけるようになります。例えば、事前の準備を雑にやってしまうからあとで修正するのが大変だとか、どうも集中力が途切れやすい傾向があるとか、失敗を通して自分の足りない点に気づけるものです。また同時に、**失敗から立ち上がって成功につなげる経験をすることで、自分の中にある底力やモチベーションに気づくことができ、新たな自分の一面を発見する**のです。

ですから、**人間というのは失敗と成功の体験を通して学びながら成長するもの**なのです。

一番やってはいけないのが、「何も行動しないこと」であり「何も学ばないこと」です。そういう人に限って頭では色々と考えています。しかし、考えたうえで何も行動しないことを選択している。それよりは、実行してみてから考えるほうが学びは深くなります。失敗というのは何か大きな出来事によって「それは失敗だ」と決まるのではなく、失敗を通じて学ぼうとしないことによって確定されてしまうことのように思います。**学ぼうとしない、何もしようとしないことこそが「失敗」なのです**。

　私自身、失敗もたくさんして、恥もたくさんかいて、会社を辞めてしまおうかと思うこともありました。しかし、振り返ってみると、そういった経験をしている時期の自分が一番成長していて、とても濃縮された時間をすごしていたように思います。それ以降、私は自ら望んで過酷な仕事を好むようにもなりました。失敗をたくさんしてしまいそうな、たくさん恥をかいてしまいそうな仕事のほうが楽しく、自らの成長につながるからです。

　これをお読みの皆さんは「失敗するのは嫌だよね」などと言いながら、ぬくぬくと毎日当たり障りのない仕事をして、気がつくと年齢ばかり重ねて経験値がまったく高まっていない人にはならないでください。ロールプレイングゲーム（RPG）で言えば、レベル1の状態のままラスボスと戦いなさいと言われても無理だと思います。失敗を重ねて経験値を増やしておきましょう。仕事という名のゲームを楽しむためにも、それが一番だと思うのです。

3 わからなくて当たり前。とにかく聞きまくれ

❖「とにかく聞く」ことの大切なポイント

失敗を重ねながら成長するために、当たり前にやってほしいのが**「とにかく聞く」**ということです。仕事でわからないことがあった時に、そのまま放置したり、「多分こういうことではないかな」と自分で勝手に判断して仕事を進めると、ミスの原因になり、場合によっては重大なトラブルや失敗につながってしまいます。ですから、わからないことはとにかく聞きまくれば良いのです。

ただ、実際に聞こうと思っても多くの人が感じてしまうのが「そうは言っても聞きづらい……」ということです。上司は常に忙しく動いていて、気軽に質問できる雰囲気ではなかったりもします。入社1年目のあなたを教育するため、あなたにずっと張りついているわけではありません。だから、聞くタイミングというのも重要です。

私がこれまでに経験した「聞き方が悪かった例」とともに解説をしていきましょう。

①何も調べていない状態で質問してしまった

「とにかく聞け」とは書きましたが、何でもかんでも聞いていいわけではありません。「わからないことがあれば聞きましょう」ということです。そして「わからないこと」というのは、「いくら調べても」という前提があります。マニュアルに載っていることやネットで検索すれば出てくるようなことを、「すいません、これ教えてください」などと聞かれたら、上司もうんざりしてしまいます。まずはわからないなりに調べたうえで、それでもわからないことを聞くようにしましょう。これは会社の中だけではなく、世間一般に言われていることでもあります。

②相手がどういう状態か確認せずに聞いてしまった

新人時代、調べてもわからないことがあり上司に聞こうと思い、上司を見つけて「すみません」と声をかけたら、ほかの上司と会話をしている最中だったことがあります。この時は二人の上司から「おいおい」と呆《あき》れた顔をされてしまいました。よほどの非常事態でもない限り、人の会話を遮って自分の聞きたいことを質問するのは良いことではないでしょう。実は上司は緊急事態に対応していたのかも知れません。上司の動きがいつもより慌ただしかったり表情が深刻だったりする場合には、質問するタイミングを見送ったほうが良いでしょう。

相手の状況を伺ったうえで質問できそうと判断した場合でも、「今少しよろしいですか？」「話しかけて大丈夫ですか？」など、**断りを入れてから声をかけるようにしましょう**。第一声でいきなり「これなんですけど」と言うのは、あまりにも非常識ですので気をつけるべきです。

③質問する内容が整理されていなかった

前章の「伝わらないのではなくて伝え方が悪いのだ」でも書きましたが、質問をする際にもわかりやすく聞かなければなりません。質問内容が整理されておらず、質問をするたびに上司が困惑してしまうケースも少なくありません。やはり、いかに**「短く」「ロジカルに」**質問できるかが大事です。まず聞きたいことの要点を先に尋ねてしまい、なぜそれを聞きたいかという理由を必要に応じてあとから補足するようにしましょう。ロジカルに聞くことに慣れていない場合には、まずは質問を紙に書き出してみて「聞きたい部分」を先に言えるようにまとめておいても良いでしょう。

質問をするのが大事とはいえ、「何かアイデアを出してくれ」という状況の中で「どんなのがいいですかね?」と聞いてしまうのはダメですが、日々の仕事の中で疑問に思ったことはどんどん聞くべきです。私も新人の頃、先輩をあっと驚かせようとして自分の力だけでやり切ろうとするあまり、大きな損害を発生させてしまったことがあります。新人の頃は下手に「やり切ってやろう」などと考えず、わからないことがあればとにかく聞き、経験豊かな先輩たちからベストな思考や方法を教えてもらうようにしましょう。

4 どうしたら同じミスをしないか

❖ミスの原因を明確にする「５つのM」とは

「失敗を重ねて経験を積みましょう」と書きましたが、経験を積むだけでなく重要なのは**「いかに同じミスをしないか」**です。いくら失敗の経験も大事だとはいえ、同じ失敗をくり返してしまうのはいけません。ミスしたことを受け止めて、再発しないためにはどうしたら良いかを熟考していきましょう。再発しないためには、**根本から仕事のやり方を変えることが**重要です。ミスが起こらないような仕組みを作るためには、今までのやり方を変える必要があるのです。私も入社1年目の時には会社の上司から**「人を責めるな、仕組みを責めろ」**という言葉を言われました。「何かミスが起きたら人を責めても仕方がない。そのミスが起きてしまった仕組みに問題がある」と考えるわけです。

ですから、ミスについて上司が部下に叱責するのも意味がないと思いますし、ミスをしてしまったからといって自分自身を必要以上に責めても仕方がありません。ぜひとも仕事のやり方や進め方にフォーカスして、どう変えればミスが起きないかを考えてみるようにしましょう。

そのためにも、まずはミスが起きた時に**原因を明確にする**必要があります。ミスや失敗というのはほとんどが人為的なものですが、まずは**「コト」**としてとらえていくことです。コトとしてとらえるためにも、次の**「5つのM」**の順に原因を探っていくと良いでしょう。

①Mission……使命や目的を取り違えていないか？　目的と手段の混同はないか？
②Machine……使用したツールや機械に不備やトラブルはなかったか？
③Media……関係者とのコミュニケーションや情報伝達の仕方に問題はなかったか？
④Management……業務を遂行する際のマネジメント手法に問題はなかったか？

⑤ Man……実行した人のコンディションやモチベーションに問題はなかったか？

4つ目の「Management」については、立場的に入社1年目の皆さんが考えることではありませんが、それ以外についてはしっかりと確認しましょう。そのうえで、該当するものがあればしっかりと向き合って追求していきましょう。ミスが起きた時に、とりあえずその場をやりすごして仕事を進めるケースがよくありますが、それでは原因がそのまま放置されてしまい、再び同じミスが起きる可能性は残ります。しっかりと向き合って追求する姿勢がとても重要なのです。

❖「ミス専用ノート」でミスを可視化する

多くの職場では、小さなミスや初めてのミスの場合は「なぜミスが起きたのか」といった原因解明に時間をかけられることはなく、「以後、ミスをしないように気をつけます」という対策とは呼べない対策で片づけてしまう傾向があるように思います。上司も「これから気をつけてね」などと言っていますが、「気をつける」というのは実は何の解決にもなっていません。

オススメしたいのは**「ミス専用ノート」**を作って書いていくことです。どんなミスにも必ず原因があるものです。その原因を追求することなく「気をつけて」などと言っても、ミスをくり返すだけです。ですから、ミスをしたあとには以下の3点をノートに書きます。

- **どのようなミスだったのか（状況）**
- **なぜそのミスが起きたのか（原因）**
- **同じミスをしないために何をすべきか（対策）**

もちろん、初めてミスをしていますから「対策」といっても正解がわからず、何を書いていいか迷ってしまうかも知れません。その際には経験豊富な先輩や上司に相談し、どのような対策が考えられるかを聞けば良いのです。

このノートのポイントは2つあります。ひとつは**「ミスに向き合う」**ということ。そしてもうひとつは、**「可視化する」**ことです。ミスというのは誰しも目をそむけたくなったり、なかったことにしたくなるものです。しかし、ミスは隠すとあとで何倍にもなって返ってきます。

大事なのは同じミスをしないことですから、そのためには一度してしまったミスをしっかりと可視化して向き合うのです。そうすることで、対策をじっくり考えていきやすくなります。対策をくり返しながら同じミスを防止していきましょう。そうすれば、気がついた時にはあなた自身が成長を遂げているはずです。

5

「振り返り」が物を言う

❖ PDCAサイクルの「C」が重要

先ほど、「ミスを可視化して向き合う」ということを書きました。これはミスに限らず重要な姿勢なので、さらに解説しましょう。

仕事をするうえで押さえておきたいフレームワークに**「PDCAサイクル」**というものがあります。PDCAサイクルとは、Plan（計画）・Do（実行）・Check（評価）・Action（改善）をくり返すことによって、目の前の仕事を継続的に改善していく手法のことです。

このＰＤＣＡサイクルの中で、特に重要なのが**Check**です。誰しもが日々仕事をしますので Do は行うかと思います。しかし、それを振り返るということをしている人は非常に少ないのです。自分が行った仕事と向き合い、振り返ることをしていただきたいと思うのですが、振り返る際の注意点を紹介したいと思います。

①振り返りと感想は違う

ＰＤＣＡサイクルにおける Check というのは、**「振り返り」**のことです。ＰＤＣＡサイクルの Plan に対して、どこまで Do することができたのかをしっかりと振り返ることが「検証」というわけです。しかし、実際には検証作業をしているように見えてそうではないケースが多いものです。例えば、事実を検証するのではなく関係者たちの「感想の言い合い」になってしまうパターンがあります。

「いやあ、苦労したけど、充実していたよね」「大変だったけど成長できましたね」などと感想をいくら言い合ったところで、サイクルは回っていきません。振り返りをして「次に何をするか」「どう改善していくのか」という発想になることが重要なのですが、感想を言っているだけでは前に進みませんので注意が必要です。

②「Plan と Do のギャップ」を特定する

Check は**「計画と取り組み内容の整合性が取れているかを把握すること」**が非常に重要です。そこには明確な判断基準も必要ですし、ギャップをどう理解するかもポイントです。人間というのはどうしても事実を「自分が見たいように見てしまう」というクセがありますから、「まあこんなもんでしょう」と安易に考えるのではなく、周囲の人たちにも協力を求めながら事実をしっかりと振り返っていくべきです。

③「振り返るタイミング」を細かくする

振り返りが大事です、とは言っても年に1回などというタイミングではダメです。振り返りをする目的は、**正しい改善策を導き出して成果につなげていくことです**。であれば、そのタイミングは細かいほど良いということになります。具体的には、月に一度ではなく「今週の目標に対する結果はどうか」「今日の目標に対する結果はどうか」などと間隔を縮めていくと良いでしょう。また、検証のタイミングを固定してしまい習慣化するのも良いと思います。例えば「毎週金曜17時」などの固定スケジュールにしてしまうことで、歯を磨くかのように振り返りをするような仕組みにしてしまうのです。そうすることで、ＰＤ

ＣＡサイクルの回転は速度を増していくはずです。

３つ目のポイントは本当に重要で、近年ＰＤＣＡサイクルを高速回転させる企業は増えています。特にインターネット系企業は凄まじい速さになってきていて、朝に設定した一日の目標を午後には検証して夕方には改善策を検討する、などという部署があるほどです。いずれにしても、早いタイミングで仕事を振り返るほど成果は出しやすくなります。もともとの振り返りの間隔を縮め、できる限りタイミングを早めてみると良いでしょう。それが、新しいサイクルのスタートにもなるのです。

❖振り返るために「記録」を

また、仕事をしながらメモを取ることはあると思いますが、そのメモを**振り返って読むこと**も大事です。くり返し読むことでメモが頭に定着しますし、そこで発生した新たな気づきを書き加えたりすることでブラッシュアップされていきます。振り返りをしなければ流れていってしまうでしょう。

さらに、自分がどんな仕事をしたのか、そしてそれぞれにどれだけの時間を使ったかという実績を記録しても良いでしょう。私たちは普段、何にどれぐらいの時間を使ったか正確に把握していないことがほとんどです。「普段やっている業務に関してどのくらい時間をかけていますか？」と聞いても、正確に答えられる人はほとんどいません。そもそも私たちの時間の感覚には曖昧な部分があり、同じ1時間でもその内容によって長く感じたり短く感じたりします。

ですから、自分の時間の使い方を振り返るために記録するようにすると、自分の仕事の所要時間を正確に見積もれるようになっていきます。そうすると、次により上手く計画を立てるためにも役立ってくるのです。振り返ることで時間の使い方の改善につながる発見もあるでしょう。ぜひ「振り返り」を意識していってもらいたいものです。

6 優先順位にこだわれば上手くいく

❖「取捨選択」の必要性

入社1年目ではそこまで仕事量は多くないと思いますが、明らかに仕事量が多すぎる状況になってくると、いくらミスを防ごうが、いくら振り返りをしようが、期限に間に合わなくなる仕事が出てきます。こういった場合に必要な考え方は**「取捨選択」**で、「やらない仕事」を決めなければなりません。やらないと言っても放棄するわけではなく、仕事のひとつをほかの人に依頼したり、自分の仕事量を減らしてもらうことで仕事を回します。

仕事量が多くなると、同時並行で考えなければいけないため、意識を集中できないのが難点です。ひとつの仕事に集中できないと効率も悪くなってしまいます。ですから、すべての仕事に順位づけができるようになっていると良いでしょう。

こういったことは2年目以降で経験することになると思いますが、1年目の頃からどんな仕事でも優先順位をつけることを心がけて取り組むことが大切です。なぜ優先順位にこだわることが大事かと言えば、**時間には限りがある**からです。限られた時間の中で、どの仕事から処理すれば滞りなく進んでいくのかを経験則として理解しておく必要があります。

❖仕事の「重さ」と「特性」

では、優先順位というものをどう考えるかというと、「時間的に急ぎの案件」なのか、「時間的に余裕がある案件」なのか、「内容的に軽い作業」なのか、「内容的に重い作業」なのか、「期限が迫っている」のか「期限に余裕がある」のかといった要素を踏まえ、**重要度別に判断をしていく**わけです。

その際には自分でも判断してみるのですが、初めのうちは上司と相談しながら決めると良いでしょう。仕事の内容を十分に理解していないと自己判断は誤ってしまう可能性もあるからです。また、仕事の「重さ」や「特性」を把握し、どの程度の完成度を求められているのかも判断していく必要があります。

仕事の「重さ」とは**「重要度」**ということです。何が重要なのかという判断は入社1年目ではつけづらいですから、上司や先輩に聞きながら判断するようにしましょう。そしてその判断の仕方を見ながら学んでいくのが理想です。

仕事の**「特性」**とは、例えば目の前に10個のタスクがあったとします。その時、目についたものを片っ端から片づけるというのは非常に効率が悪い動きです。そうではなく、まず着手すべきは**「緊急性の高いもの」**で、締め切りが迫っているものから対応していかなければなりません。締め切りをすぎてしまうと、先方に迷惑をかけてしまいます。

締め切り時期が同じものや、特に急がない仕事ばかりであれば、それぞれのタスクの性質に着目していきます。性質というのは大まかに**「クリエイティブか、非クリエイティブか」**という分け方です。企画を考えなければならないとか、文章を練らなければならないなどは「クリエイティブ」です。しかし、交通費精算や稟議書の作成などは「非クリエイティブ」と言えます。そういった仕事の特色によって、朝・昼・夕方のいつ取りかかるのが適した仕事なのかを見極めるのが理想です。

❖朝・昼・夕方に適した仕事とは

以前、私が勤めていたある職場の先輩は、いつも日が暮れる時間になってから文章作成をしようとしていました。ご本人はあまり得意ではないからと、どんどんあと回しにしたようで、手をつけるのが帰宅間際になっていたのです。しかし、帰る時間がすぎてもなかなか筆が進まずに、結局はいつも残業時間に突入していました。苦手だからあと回しにするというのも、夏休みの宿題に手をつけられない小学生のようではありますが、これは典型的な**「時間帯」**のミスだと思います。

人の体内リズムや脳内の意識は一定ではありません。午前中は一般的に脳みそも冴えていますから、集中して「創作業務」に取り組める貴重な時間帯です。この時間帯はアイデアを練るなどの考える仕事をしていきましょう。クリエイティブな書き仕事などは、始業前に手をつけてしまうのが理想です。始業時間をすぎると周囲から話しかけられることも多いですから、仕事のムラが生じやすくなってしまいます。始業前に仕上げてしまうぐらいの勢いが大事なのです。

お昼すぎはランチも含め人と話したり、体を動かしたりする仕事が向いています。お昼ご飯を食べると集中力も散漫になりやすいため、打ち合わせや移動時間、力仕事などに充てると良いでしょう。私は集中力を切らさないためにランチは少なめにして、人とのアポイントを午後に集中して入れるようにしています。

また、夕方は定型業務であったり、溜まった雑務を処理したりするのに向いている時間帯です。脳みそも使い込んで疲労感もありますが、終業時間も近づいてゴールが見えていますから、ゴールというデッドラインを意識することで雑務の作業スピードも加速するでしょう。ただの雑務などは、まもなくＡＩに置き換えられるはずですが、未だにやらなければならない場合には速やかに処理していくべきでしょう。

7

#「想像力」を持つことの重要性

❖「想像力」があればリスクを回避できる

自転車に乗っている時、車道を走る車が横をすり抜けたりすると「危ないなあ」と思うことがよくありました。しかし、車の免許を取って運転するようになると、車道の横を走っている自転車に対して「危ないなあ」と思うようになりました。人間というのは、何とも身勝手な生き物です。

同じように、電車の中で赤ちゃんが泣いたりすると「うるさいなあ」と思うことがあったりしましたが、自分の子どもが電車内で泣いてしまい、周囲からの冷たい視線を感じることがありました。結局のところ、「どちらの立場にも立ってみないとわからない」わけですが、同じ経験を必ずしなければいけないかというと、そんなことはありません。私たちは人間ですから**「想像」**することができるわけです。

ベビーカーを押しながら電車に乗ってきた人に対して、「こんな時間にベビーカーで電車移動は大変だよな」「赤ちゃんが泣いたら周りに気を使って疲れちゃうよな」と少し想像してあげるだけで、対応は変わってくるはずです。仕事でのトラブルも、こういった「想像力」が足りていないと思うことが結構あるものです。

上司の仕事ぶりに対して「あの人はわかってない」「だからダメなんだ」と居酒屋で愚痴をこぼしている光景をよく見かけます。でも、想像力を膨らませてみましょう。上司だって家族のために必死に働いていますし、役員と現場の板挟みになって毎日のように胃が痛い思いをしているかも知れません。現場の自分たちがそんなに強く当たってしまったら可哀相ではありませんか。上司の子どもだってそんな状況を知ったら「お父さんをそんなに責めないでください」と悲しんでしまうことでしょう。想像力を少し働かせるだけで、もう少し思いやりを持った働き方ができるのではないかと思うことが非常に多くあります。

ほかにも、仕事において**想像力がない人は事前の準備が十分にできない**ことが多いです。例えば他部署と意見の相違があった際、「このままだとあの人は何か言ってくるな。今のうちに先回りしてケアしておこう」というように、想像に基づいた対応ひとつで、リスクを回避することもできます。仮に問題が起きてしまっても、**想像力によって事前準備をしておけば早期に対応することも可能**なのです。

❖「想像力」の鍛え方

では、「想像力」をどのように鍛えたら良いでしょうか。想像力を鍛えるためには、とにかく**「頭を使う」**ことに尽きるかも知れません。昨今はちょっとしたことでも検索すればすぐに情報が出てきますので、**「自分の頭で仮説を立てる」**というような動きが減っているように思います。そうすると、なかなか想像を膨らませることもできないかも知れません。頭を使うと言っても、本当にちょっとしたことで良いと思います。

例えば、コンビニで買い物をしている人を見てこの人は何をしている人なのか、次にカゴに何を入れようとしているのかを考えてみたりしても良いでしょう。ほかにも、電車の中で目の前に座っている人がどの駅で降りようとしているかを推測してみたりしても良いでしょう。そういったことの考えるクセをつけると、**人の細かな動きまで注視できるようになり、想像力が豊かになっていきます**。

また、もっと身近な例で言えば、自分が社長の立場だったら会社のリソースをどう配分するか考えてみたり、自分が課長の立場だったら誰にどんな役割を与えるかを考えてみたりするのも良いでしょう。そうやって**想像の中でも相手の立場に立つことで、視野が広がっていきますし、自分自身がその立場に立つ際の予行練習にもなるのです**。

最近はＳＮＳで真偽のわからない情報が回ってくるようになっています。決して「へえ、そうなんだ」とあっさり真に受けることなく、「これは本当なのかな？」「だとしたら、こうなるはずだ」「嘘だとしたら何のためにやっているのだろう」などと一段深く考えてみることも非常に重要な「想像力」だと思います。

8

できない理由より、どうしたらできるかを考える

❖できない理由は述べない

仕事で壁にぶつかった時、どうしても弱音を吐きたくなることもあるかと思います。「もうダメだ、私にはできない」「こんなこと無理だ」と。多少の弱音を吐いてしまうのは仕方ないと思いますが、「できない」「無理だ」といった否定的な言葉を口にするのは少し気をつけたほうが良いと思います。仕事というのは何度も言うようにチャレンジの連続です。今までにやったことのないことですから、失敗もあれば難しく感じることもあるでし

ょう。しかし、それが上手くいくか上手くいかないかは、あなた次第です。

よくこういった場面に遭遇します。「なぜできないんだろう?」と問いかける上司に対して、「それができないのはこうだからです」と答えている部下。つまり、できない理由を並べて、しっかりと解説しているのです。これ、仕事をしているように見えますが、経営者などからすると「時間の無駄だ」と思われてしまう行為です。

ビジネスは結果を出していかなければなりません。そのためには**「実現の可能性」**を探る必要があるわけですが、多くの人が「できない理由」を並べ立てようとしてしまうのです。上司はそんなことを聞きたいのではなく、**「どうしたらできるのか」**が知りたいのです。

実際、ビジネスの世界では次のような話をよく耳にします。

「世の中には2種類の人間がいる。できない理由を探す人と、できる方法を探す人だ」と。

ぜひ皆さんには「できる方法を探す人」になってもらいたいです。**できない理由を探す人は何事も上手くいかない人で、できる方法を探す人は何事も上手くいく人だからです。**

❖「できない理由を探す人」「できる方法を探す人」

できない理由を探す人は、どんな課題を与えられてもまず「できない理由」を探そうとするクセがついてしまいます。「時間がないからできません」「お金がないからできません」「連絡先を知らないのでできません」「予算がないからできません」という具合です。こういう人は常に言い訳を探していますから、何をやっても上手くいかないものです。例えば「新しい技術を身につけよう」という課題に対して「時間がないから難しいです」と答えるのは簡単です。しかし、「時間がない」のであれば、**どうやって時間を捻出《ねんしゅつ》できるかを考えていくほうが建設的です。**

「時間がない」のであれば、例えばほかの仕事を削ることができないか、通勤時間でスキマ時間を捻出できないか、ランチの時間を有効活用できないか、など色々とアイデアが浮かびそうです。そうやって考えていく人のほうが、発想力もつきますし、ポジティブですし、上手くいきそうだというのは明白ではないでしょうか。

結局、できない理由を探す人というのは、ネガティブな自分の気持ちの反映だったり、会社の役職のための保身であったりすることが多いと思います。そして、自分自身ができないことや諦めることを正当化することに力を使ってしまっているのです。

ただ、その正当化には何も意味がありません。結局のところ根本的には何も変わらないですし、**諦めグセがついてしまい、将来的にはマイナスでしかない**のです。困難な状況の中でも「できない」とは言わずに、「どうしたらできるかな」と可能性を探していく人のほうが魅力的に映り、部下もついていきたくなるでしょう。

やろうとする前に言い訳を考えて諦めるための大義名分にする人は多くいますが、一部の大企業でしか通用しないと思います。これからの時代、そういった人は淘汰されてしまうはずです。「できない理由」というよりも「やらない理由」を自らアピールしているように映ってしまう残念な人ですから、人からの信頼が得られないと思います。ぜひ、**「どうしたらできるか」**を考えていきましょう。

ただし、ひとつ注意が必要です。この「どうしたらできるかを考えよう」という考え方がポジティブに使われるのは良いのですが、悪用されるケースを耳にしたことがあります。

ある知人の会社がいわゆる「ブラック企業」で、上司が部下に対して違法な営業活動を強要してきたのだそうです。部下が不審に思って調べたところ、完全に法律的にアウト。そこで上司に「すみません、それはできません」と答えたところ、上司は鬼の形相で「君さあ、できない理由より、どうしたらできるかを考えようよ」と言ってきたのだと言います。これはレアケースですが、いくら「できない理由は考えるな」と言っても法的にアウトなことはできませんのでご注意ください。

9 インプットを絶やすな

❖「正しいインプット」とは

「仕事ができる人になりたい」というのは多くの人が願うことですが、そもそも「仕事ができる」というのはどういう状態なのでしょうか。

「仕事をする」というのは、ある意味で**「アウトプット」**と言い換えることができます。アウトプットは人それぞれ違いますが、質の高いアウトプットができれば結果にもつながります。つまり、**「仕事ができる人」**だと呼ばれます。では、「質の高いアウトプット」はどうしたらできるかというと**「正しいインプット」をし続けること**です。正しいインプットができていなければ、アウトプットの質は上がっていきません。

「正しいインプットをし続ける」とは、どういうことでしょうか。

仕事をするにあたっては、先ほどのPDCAにおけるPlanのように目指すべき目標があります。**その目標を達成するために必要な知識や経験を総称して「正しいインプット」と言います**。目標に関係のないインプットばかりしても仕事の結果には結びつかないので、あくまで目標がベースになります。

人間の体は食べ物や飲み物によって構成されています。ジャンクフードばかり食べ続ければ体調が悪くなりますし、栄養価の高いものを摂取すれば体調が良くなります。それと同じことで、仕事で高いパフォーマンスを発揮したければ、達成したい目標に向かって必要な知識や経験を得ていくことが正しいインプットと言えます。インプットがなければ、そもそもスタートラインにすら立てません。さらに言えば、**インプットの質と量も重要**になってきます。このことを常に頭に置いておく必要があるのです。

❖質の高いアウトプットは「三智」でできる

　では、インプットの質と量について考えてみましょう。質の高いインプットをするには、新しい情報や知識を幅広く学ぶ必要があります。その方法は大きく３つあるのですが、これは詩人で小説家でもある島崎藤村がこう表現しています。

「人の世に三智がある。学んで得る智、人と交わって得る智、自らの体験によって得る智がそれである」

　これはつまり、様々な本を読み、色々な人に会い、実際に自分の足を運び経験することが大事だということです。

①学んで得る智

現代は情報が溢れています。情報に触れている人は多いと思いますが、それは「学んで得る智」とは違います。溢れている情報は玉石混交ですので、ほかの誰かの経験や知識を得るためにもできる限り**質の高い情報**に触れなければなりません。最もわかりやすいもので言えば「本」です。ネットの記事などはものによって誰が書いたかわからず、真偽も定かではありません。それに比べて書籍の場合には著者もわかりますし、編集者など多くの人が携わって作られていますので質の高いものが多くあります。しかも2000円もしない安価な値段でインプットができますので、ぜひとも読書の習慣をつけたいところです。

②人と交わって得る智

本だけでなく、**人から得られる情報も貴重なインプット**と言えます。ただし、会社の上司など同じ人とばかり会うのではなく、ほかの会社や別の業界の人、興味のあるコミュニティなどまったく違うタイプの人と積極的に会っていくことで様々な刺激のインプットが得られるはずです。「学んで得る智」の延長として、気になった本の著者の講演会などに足を運んで、文字情報だけでなく、生の話を聞くというのも面白いかもしれません。

③自らの体験によって得る智

最も質が高いのは、この**「経験からのインプット」**ではないでしょうか。皆さんも経験があると思いますが、旅行のパンフレットの文字情報を追うよりも、実際に現地に行って経験したほうが記憶としても残っていると思います。その旅行によって人生観が変わってしまうこともあります。また、最新のテクノロジーなどでも同じことが言えます。例えばＶＲ（仮想現実）・ＭＲ（複合現実）・ＡＲ（拡張現実）・ブロックチェーンなどのテクノロジー用語がありますが、どれだけの人が経験しているでしょうか。ＶＲはゲームでも経験できますし、ＡＲはスマホでも経験できます。こういった新しいテクノロジーでの体験は、自らを刺激することももちろんですが、これからの時代にどう自分の仕事に直結してくるかわからない未知のものです。新しい体験をすることで視野や選択肢も広がりますので、可能な限りインプットするようにしていきましょう。

学んで得る智、人と交わって得る智、自らの体験によって得る智を得ることで「質の高いアウトプット」ができるようになるはずです。しっかりと続けていけば結果にもつながりますので、ぜひとも意識するようにしましょう。

本章のまとめ

・怒られることには大体「意味がある」ことを知る
・失敗を恐れて動こうとしないことこそが「失敗」
・上手に質問をすることも重要な仕事のひとつ
・「二度と同じミスをしないために何をするか」が大事
・成長する人は皆、「振り返り」を重視している
・仕事の重さと特性を把握して優先順位をつけよ
・私たちは人間なのだから「想像力」を育もう
・できない理由を考える残念な人になってはいけない
・本・人・経験から、質の高いインプットをしていこう

第5章

新しい価値観をインストールする11の奥義

昨日の考えは、今日は一新されていなければならないし、
今日のやり方は、明日にはもう一変していなければならない。

松下幸之助(パナソニック創業者)

1

仕事なんて壮大なＲＰＧだから経験値を高めなさい

❖面白いゲームをプレイするように仕事を考える

皆さんは仕事というものをどうとらえているでしょうか。お金を得るための手段？　人生を賭けてやるべきもの？　あまり軽く考えすぎるものでもないですし、あまり重く考えて身体を壊してしまっても本末転倒です。前章でも「レベル１の状態でラスボスと戦うのは無理」などとＲＰＧの比喩を用いたのですが、そもそも仕事というのは壮大なＲＰＧのようなものではないでしょうか。仕事とＲＰＧの共通点を挙げながら解説していきます。

・一人ひとりの役割がある

ＲＰＧのキャラクターには個性があります。攻撃力が高い人もいれば、魔法が得意な人、防御に強い人など、色々なキャラクターがいます。それぞれに求められる役割が異なりますが、それは仕事でも同じことです。**あなたに求められる役割を理解し、その部分を強化しながら日々の仕事に取り組んでいく必要がある**のです。

・ルールがある

ＲＰＧの世界には独特のルールがあります。選択できるコマンドは8個に限定されていたり、近道ができないようになっていたりします。ビジネスの世界でも、当然ながら様々なルールがあり、そのルールに則って戦っていくものです。また、覚えておくべき「マナー」も存在し、そのマナーを理解していないと冷たい目で見られることもあります。

・敵が現れる

ＲＰＧでは必ず敵が現れます。その敵をどう倒していくかが醍醐味《だいごみ》であり、敵を倒すことで快感を得ることができます。そして、実際のビジネスの現場でも敵は現れます。その敵は人間とは限りませんが、大抵の人が敵に遭遇すると落ち込んだり腰が引けたりするものです。しかし、**敵をどう倒していくかを考えるのが仕事**とも言えるのです。

・経験値を増やす

敵を倒すことで、快感だけでなく経験値も得られます。そして、自らのレベルを上げるには経験値が重要です。敵と戦わなければ経験値は上がらず、レベルアップはありません。レベルアップしなければ行動範囲も狭く、ゲーム自体がつまらないものになってしまいます。仕事でも、**どんな部署のどんな仕事であれ自分に与えられた使命と考え、まずは真剣に向き合って経験を積むべき**です。その経験はのちに大きな糧になっていくはずです。

・武器を手に入れる

敵を倒すために必要なのは、武器です。ＲＰＧでは特定の武器でなければ倒せない敵がいることもあります。ビジネスにおける武器はスキルと言っても良いでしょう。仕事をしながら様々な武器を身につけていきます。社外の時間を使い、お金を払って特別な武器を身につける人もいます。手持ちの武器が多いほど、倒せる敵も多くなり有利になります。

・パーティー（一団）を組む

ＲＰＧの種類にもよりますが、多くのゲームではパーティーを組んで力を合わせていかなければなりません。様々なキャラクター達とともに、時には武器で戦ったり、呪文を唱えたり、盾で守り抜いたりするわけです。仕事でも会社組織というパーティーで戦っていきます。市場で組織全体として、**チームの最適化を図りながら戦っていくもの**なのです。

・予期せぬことが起きる

ＲＰＧでは予期せぬことが頻繁に起こります。逆に、予期できてしまったら面白いゲームではありません。仕事においても、入社1年目では思っていたことと違うこともあるでしょう。先輩たちが思っていたより冷たかったり、そもそも希望した配属先ではなかったりするかも知れません。ともすると、何年かして他部署への異動を命じられることもあるでしょう。そんな時にガックリと肩を落としてしまうかも知れませんが、会社というのはそもそも**一人ひとりの思い通りに動く場所ではない**のです。

・クリアを目指す

ＲＰＧには必ず「クリアする」「ボスを倒す」などの目的があります。その目的に向かって時間を投入し、経験値を上げたり武器を手に入れたりパーティーを組んだりしながらゴールへと突き進んでいくわけです。仕事も同様に大きな目的があり、その目的に向かって日々の経験値を高めたり、武器を手に入れたりしていくものです。

さて、ざっと比較してもこれだけの共通点が挙げられるわけですが、ＲＰＧを攻略するように仕事でも何か不安や不満が出た時に、「これはゲームだから攻略しよう」と考えられると、前向きに取り組めるのではないでしょうか。現実の世界では安定志向の人が多いように思いますが、ゲームの中で安定した世界が広がっていたら「クソゲー」と呼ばれてしまいます。何の変化もないゲームなんて、面白くも何ともないわけです。皆さんの仕事も、面白いゲームをプレイするように考えて、前向きに楽しんでみると良いでしょう。

2

「勝てる仕事のやり方」を知っているか

❖どうしたら勝てるかを全力で考える

これから仕事をするうえで意識してもらいたいのは、**「どれだけの時間働いたかではない」**ということ。今の時代は、働き方改革という名の下に残業時間の規制をはじめとして「働く時間」というものに意識がいっていますが、重要なのは**時間の量**ではありません。

また、逆に「好きなことを仕事にしよう」といった論調もよく耳にします。「好きなことを仕事にしていれば、無理に成果なんて追う必要はない」と考える人もいるようなのですが、これも間違っています。会社組織として仕事をする以上は成果を追わなければなりません。会社に所属してお給料をもらうということは、すなわち**成果を求められているか**らです。

子どもが憧れる仕事として、昔は「プロ野球選手」がダントツ人気でした。プロ野球選手がすべきことは試合に出て結果を残すことです。そうしてチームに貢献し、優勝を目指していくのです。もちろん、そこで結果を残せなければ年俸は下がりますし、怪我や体調不良で試合に出られないと戦力外通告を言い渡されたりもします。

プロ野球選手であれ、オフィスワーカーであれ、お金をもらっている以上、要求されるのは成果です。**決められた時間の中で完成度の高いものをいかに提供するか**。これがプロの仕事人として一番大切なことです。長時間仕事をしたからといって必ずしも成果が出るわけではないですし、好きだからといって成果が出るものでもありません。ましてや嫌いだから「やりたくない」などと言うのは子どもの言うことです。嫌いであっても、苦手であっても、どうしたら勝てるかを全力で考えなければなりません。ですから、**「勝てる仕**

事のやり方」をどれだけ知っているかということが大事なのです。

❖「勝てる仕事」を見つけるには

仕事を進めるにあたっては「勝算」を見極めることが重要で、いかに勝てるか、勝ち方が見つかるかを考えなければなりません。紀元前の中国に、孫武と呼ばれる兵法家がいました。その孫武は、「算多きは勝ち、算少なきは勝たず。況《いわ》んや算なきに於《お》いてをや」と言っていたそうです。これはつまり「戦う以前に勝算が多かったほうが勝ち、勝算が少なかったほうは負ける、そもそも勝算がないようでは話にもならない」ということです。

戦う前の準備や作戦で、既に勝てるかどうかはわかってしまうということです。ですから**事前に勝算を高めるために準備をしたり、勝てる部分を見極めたりするということが負けないために重要なこと**なのです。

ほかにも孫武は、「勝兵は先ず勝ちて而《しか》るのちに戦いを求め、敗兵は先ず戦いて而るのちに勝を求む」とも言っています。これは、「勝つほうは先に勝つという見通しが立ってから戦い、一方、負けるほうは戦いを始めてからどうやったら勝てるかを考えているのだ」ということで、先ほどと同じ意味です。**戦いを始めてから「どうやったら勝てるだろうか」などと考え始めても遅い**のです。

では、勝算を見極めて「勝てる仕事のやり方」を見つけていくにはどうしたらいいかというと、**「経験」**を重ねていくしかありません。入社1年目の皆さんは、与えられた仕事をただ漫然とこなしていくのではなく、**とにかく手を出していって自分が他者よりも優れている部分を見極めていく**のです。常に自分を客観的に見て分析していくことで、ピンと来るものに遭遇するはずです。

私自身もそうでした。数年にわたって様々な仕事を積極的に担当していく中で「文章を書いていく」ということが他者よりも優れていることがわかっていきました。そうなると今度は、これが「勝てる仕事だ」と考えてその部分を強化しようとしました。すると文章を書く仕事がどんどん集まり、評判を呼び、信頼されるようになり、ついには独立することにまでつながったのです。確固とした**「自分の核」**となるものがひとつでもあれば、そこに集中して磨いていけば良いということがよくわかったのです。

ぜひ皆さんも、これから始まるキャリアの中で、経験を重ねながら**「自分が勝てる場所」**を狙い続けてほしいと思います。勝てる場所が見つかったら、**集中して強化する**のです。それこそが、勝てる仕事のやり方だと言えます。

3 染まるな、早く帰りなさい

❖なぜ残業するのか

先ほども書きましたが、重要なのは時間の量ではなく、**時間の質を高めて成果につなげること**です。しかし現状では、とにかく残業ばかりで遅くまで働いている人がいるわりに、その人がハッピーではない会社も多いです。残業文化が染みついている会社の場合、帰りたくても帰れない雰囲気があるのかも知れません。

しかし、文化や雰囲気などに染まらず「早く帰りなさい」と声を大にして言いたいと思います。もしかすると、早く帰りたくても残業を強いられてしまうという場合もあるかも知れません。あなたがそういった環境に置かれているという場合には、冷静に次のようなことを考えてみてください。

①その残業は一過性のものか、慢性的なものか

残業を強いられてしまう場合、その残業は一過性のものでしょうか。例えば、業界的に「夏はどうしても忙しくなり、人手が足りない」などの時期的なものであればまだ納得がいきます。特定の時期を乗り切れば、定時退社が可能になるのであれば問題はありませんが、慢性的に残業が続いているような会社は注意が必要です。一過性のものであっても、その時期に外注をコントロールすることで残業を抑えたりもできますが、慢性的なものである場合はマネジメントが機能していない恐れがあります。

②特定の上司に強要されていないか

入社時の面接でも「残業は少ない」と聞いていたし、会社全体としても残業は少ないのに、上司からは残業を求められる、ということはないでしょうか。つまり、その上司だけが残業を要求してくるというケースです。帰ろうとしても「周りが仕事をしているのに、新人のお前は帰るのか？」などと強要してくる場合には、パワハラなどの疑いが出てきてしまいます。

③あなた個人に起因するものか

実際に仕事を任されて対応しているものの、先輩よりも時間がかかってしまい残業時間に突入してしまったという場合もあるでしょう。それであれば、あなたの仕事のスピードが上がれば残業は解消されるので問題ありませんし、あなたがスピードを上げるための努力をすれば良い話です。しかし、帰り際に大量の雑務を任されるなど、物理的にどう考えても残業せざるを得ないとなると話は別です。ある意味、②と同様、嫌がらせのように残業をさせようとする上司に原因があると考えられるでしょう。

まっとうな会社であれば、長期的に戦力になってくれることを期待して、新入社員はしっかりと育ててくれるものです。ですから、皆さんが残業をしていると先輩社員は早く帰るように促してくれることでしょう。そもそも新入社員というのは、残業をしなければいけないほどの戦力にはならないからです。よっぽどあなたが即戦力のスーパーヒーローでもない限り、ほとんどの新入社員に当てはまることなので、気にする必要はありません。ですから、新入社員に残業をしてもらわないといけないような会社というのは、「会社として余裕がない」「マネジメントが機能していない」など、何らかの問題があると考えても良いと思います。

❖とにかく定時で帰る

改めて言いますが、入社1年目の皆さんにお伝えしたいのは、とにかく定時で帰ることを考えてくださいということです。残業するのが当たり前のような空気であれば、新人のあなたがその空気を壊してしまえば良いのです。やむを得ず残業が発生するとしても、残業時間を徐々に短くしていき、とにかく「早く帰るキャラ」を確立してしまうのです。場合によっては「残業」という常識を破壊してしまい、会社全体の空気を変えることにもつながるかも知れません。

早く帰って何をするかというと人それぞれですが、共通して言えるのは**「しっかりと寝る」**ということは守っていただきたいものです。「定時で帰っているのに遊んでしまって睡眠不足」というのでは、帰っている意味がないからです。**睡眠というのはとにかく重要で、生きていくうえですべての原点です。**「睡眠時間を極限まで削って仕事をする」というのがカッコいいとされていた時代もありましたが、人間は睡眠時間を削ってしまったら良い仕事はできません。皆さんはぜひともしっかりと睡眠時間を確保してください。最低でも6時間以上は寝てもらいたいものです。

しかし、やはりどうあがいても残業を免れないとか、仕事がないのに早く帰ることを許されないなどといった環境の場合、入社1年目であっても転職を考えないといけないかも知れません。「入ったばかりなのに転職なんて」と思うかも知れませんが、そんな会社に長くいて身体を壊してしまったら元も子もないのです。

4 会社以外の人と会いなさい

❖「井の中の蛙《かわず》」になるな

残業をせずに早く帰ってしっかりと寝てもらいたいですが、それ以外の時間は何をするべきかというと、息抜きをするだけでなく、ぜひ**人に会ってもらいたい**ものです。前章の「インプット」のところで「人に会おう」と書きましたが、特に社外の人たちと接する時間を作ることは意識してもらいたいと思います。

毎日会社と家を往復して、会社で同じ人から同じような話ばかり聞いていると、どうしても自分の視野は狭くなってしまいがちです。この先それが何年も続いていくと、完全に「井の中の蛙」状態になってしまいます。「井の中の蛙」を念のため説明すると、狭い見識にとらわれてしまい、ほかに広い世界があることを知らずに、「自分の住んでいるところがすべてだ」と思い込んでいる人のことを指した言葉です。小さな井戸の中に住む蛙は、大きな海があることを知らないという意味から、物の見方や考えが狭いことを指摘する場合に多く使われます。

そんな「井の中の蛙」状態になってしまうと、成長もすぐに限界がやってきてしまうものです。実際に私も入社1年目の頃から社外のセミナーや勉強会、読書会などに積極的に参加していました。そこで社外の人の話を聞くことで刺激を受けたり、自分の置かれている状況を俯瞰《ふかん》して冷静に分析できたり、良いことばかりでした。さらに言えば、そこでつながった人たちがのちに企業の役員などになり、誘われて一緒に仕事をする機会にも恵まれました。**社外に出ていくことでとても強い人脈を作ることができた**というわけです。

ちなみに、皆さんの中にはお酒が苦手な人もいるかも知れません。「お酒が飲めないから社外の集まりには顔を出しづらい」と思うかも知れませんが、飲まなくても大丈夫です。私も体質的にお酒が飲めず、少しでも飲むとフラフラして具合が悪くなってしまいます。ですので、夜のイベントや懇親会などの席ではその旨を伝えてから参加することが多いのですが、お酒を飲まない分じっくりと深い話ができることも多いので、自分の体質に感謝しています。

❖「社外のコミュニティ」で役立つ情報や経験を得る

また「読書会」というキーワードを先ほど書きましたが、世の中には様々なコミュニティがあるものです。「読書会」というのは読んだ本を持ち寄って意見を言い合うコミュニティで、興味本位で参加していました。同じ書籍について深掘りをして議論したりするのがとても楽しく、自分がそこで意見や感想を言うだけでなく、色々な業界の人たちが自分たちの立場から意見を言うので、本当に刺激的でした。こういった刺激は、会社の中にいるだけではなかなか味わえません。会社以外のコミュニティで社外の人と触れることによって、長い目で見ると**自分や会社のために役立つ情報や経験を得ることができる**のです。

「社外のコミュニティ」という話をすると、入社1年目で「これからガンガン働くぞ」という皆さんからすれば疑問に思う部分もあるかも知れません。「自分の会社に貢献することだけを考えて、社内で長時間働いていたほうが社内の評価につながるのでは」と思う人もいるでしょう。しかし、社外の様々な人と交流することで、**社内では得られない広い視野や発想力を手に入れることができる**のは確かです。

業務終了後に活動するのが大変だという人は、ランチの時間を使って色々な人と会うのも良いでしょう。初めの頃は同僚などとランチに行くかも知れませんが、いつまでも一緒にいてはいけません。自分とは関係のない部署の人や、先輩を誘ってランチに行きましょう。そうすることで、会社を立体的に見ることができるはずです。また、それだけでなく可能であれば役員や社長も誘ってみても良いかも知れません。

5 本物を知りなさい

❖偽物しか知らない状態では成長しない

何度か書いてきたように、仕事においては「ロジカル」つまり論理的な面が重視されますが、それとは逆に感覚的な面は一切必要ないかというと、そんなことはありません。インターネットの発達により個人が接するデータ量が爆発的に増える中、論理の組み立てだけでは結論を導き出すことが難しい場面もあります。そうした場合に役立つのが「直感」のようなもので、感覚的に判断するような場面もたくさん出てきます。では、この「直感」を磨くためにはどうすれば良いかというと、ずばり**「本物」**を知るということです。本物というのは、つまり一流の人がやった仕事全般を指します。

例えば、先に挙げた孫武による兵法書『孫子』や孔子らによる『論語』のような古典もそうです。2000年以上も昔から語り継がれ、現代に生き残っているわけですから「本物」と言えるはずです。書籍であればほかにもたくさんの古典の名著はありますが、読書だけでなくプロのスポーツ選手の試合を観戦するというのも良いと思います。プロ野球選手がバッターボックスに向かう様子や、プロボクサーが敵に立ち向かって戦う様子を肌で感じると、何らかの刺激を受けると思います。

少し奮発して、一流ホテルに泊まってみたり、高級レストランで食事をしてみたりするのも良いでしょう。一泊5万円もするようなホテルに泊まると、どのようなサービスを受けられるのか、どんな人が泊まっているのかを体感できます。また、ミシュランで星がつくような高級レストランに行ってみても同様です。一流の接客に触れることができるはずです。

また、美術館に行くのも良いと思います。絵のことがよくわからなかったとしても、美しい絵画や美術品を眺めることにより、美的感覚を磨くことができるはずです。まさに「直感的に」美しいと感じる能力です。もちろん、美術品のことをよく調べることで、その絵が描かれた背景や、画家それぞれの個性や心理状態を知るとより深く、想像力が掻き立てられることになるでしょう。こういった「本物」に触れるという行為は、明日からの仕事に直接的に関係してくるわけではありません。しかし、直感を養うだけでなく、日常を客観的に見つめ直す機会になったり、自身の成長を手助けする経験になったりもするものです。

どんな仕事であってもそうですが、ある程度のスキルレベルがあれば仕事をこなすことはできるでしょう。ましてや世界最高水準のレベルなど知らなくても、やれることは多いのではないかと思います。「超高級ホテルで働いています」など一流の人を相手にする仕事でもなければ、適当な水準でもやっていけるでしょう。

しかし、自分がなれるかなれないかは別として、世の中で求められている**「最高水準の**

仕事」というのがどのようなものなのかを自ら知ることが大切なのではないかと思います。
そういったサービスや仕事ぶりに触れることで、自分のレベルの低さを知ることになったり、仕事への自覚が高まることになったりと、刺激を受けることにつながるのです。

本物を知る人は偽物と本物を見極める目を持つことになりますが、偽物しか見たことのない人は本物と偽物の区別すらつかないものです。本物を知ったうえで場面に合わせて安い偽物をあえて選択するのなら良いのですが、**偽物しか知らない状態では自分自身が成長することは不可能です。**

そういった意味でも、積極的に外に出て〝本物を知る機会〟は増やしていただきたいと思います。

6 仕事には「にんべん」を足す

❖「動き」と「働き」

仕事に向かう時には、「にんべん」を意識してもらいたいものです。

「にんべん」を意識するとは、**「動き」**と**「働き」**の違いです。私が入社1年目の時、職場で漫然と仕事をしていると、先輩から「お前、ただ〝動いてる〟だけじゃない？」とよく指摘されました。何も考えずに手足を動かすのではなく、頭を使って目の前の仕事にアイデアを付加しろ。そうやって効率を上げていくことこそが「働く」ということだ、というわけです。その「働き」からさらに効率化を図り、最終的には自動で回るようになることを目指せというのです。

「頭を使って目の前の仕事にアイデアを付加しろ」と先輩に言われ続けていましたが、実際どれだけ目の前の「やらなければいけないこと」に追われていたとしても、常に頭を使って**「もっと良くする方法はないか」**と考えていくべきだと思います。例えば、お客様の期待以上のアウトプットをすること。上司の予想以上の結果を残すこと。そういったことのために、自分自身のアイデアを仕事に加えていくのです。そして**今よりも効率的な方法を考え、変え続ける**。仕事というのは、そういった動きをしていくべきだと言えます。

仕事の中には、ルーティンワークと呼ばれるものもあるかと思います。例えば、ファイルを整理したり、データを一定ルールで集計したりという動きです。これは「創造的ではない仕事」ですから、極力「にんべん」を足していくべきなのです。こういった雑務を専門としたアルバイトでもない限り、これらの仕事に時間を費やすほど無駄なことはありません。ルーティンワークは誰でも同じアウトプットになりますから、そこで差をつけようと思ってもなかなかできません。どんどん時間を圧縮し、結果で差がつけられる仕事にフォーカスしていくべきでしょう。

また、時間の圧縮だけでなく、「今やっている手段の置き換え」についても「にんべん」を足しながら考えてみましょう。例えば、社内コミュニケーションやマネジメント、タスク管理やスケジュール管理など、従来から紙ベースでやっているような各種管理をITツールで置き換えられないだろうかと考えるのです。ここでも「ツールの理解」が必要になりますが、上手く置き換えることで多くの時間短縮や効率化を図ることができますので、常に模索し続けるべきだと思います。

❖「仕組み作り」を考える

そして、ツールを使う以前にまずやるべきことは、**自分自身の仕事を細かく分析していくこと**です。私が入社1年目の頃も先輩から「無駄な動きがないか」と一挙手一投足を見られていましたが、そうすると常に頭をフル回転させながら仕事をするようになっていました。また、毎日仕事が終わってからは自分の動きを振り返り、「もっと効率よくやる部分があったのではないか」と改善点を考えていました。

皆さんの働き方の中で「もっと効率よくやる方法」はないでしょうか？　ぜひ振り返ってもらいたいものです。たとえ効率の良いやり方を見つけた場合でも、一過性で終わらせてはいけません。できる限り習慣化していくために、**「仕組み作り」**を考えていきましょう。「どうしたら今の動きを習慣化することができるだろうか」と考え、実行することで定着させていく。そこまでできて初めて「仕事ができた」と言えるのだと思います。

7 一次情報に当たっていきなさい

❖「一次情報」とは

前章で「インプットの重要性」について書き、「本を読むことが大事だ」と言いましたが、この辺りをもう少し詳しくお伝えしたいと思います。

本を含め、情報をインプットしていくことは重要です。ただ、現代は情報が溢れすぎています。皆さんも経験があると思いますが、Twitter などでは嘘か本当かよくわからない情報が出回り、嘘の情報なのにリツイートして拡散してしまって、あとから問題になるケースなどがあとを絶ちません。そんな時代においては、「事実」というものが非常に重要性を増しています。他人が言ったことや書いたことに振り回されず、**自分で事実を確認する**ということです。

ここでいう事実というのは**「一次情報」**とも呼ばれます。自分の目や耳で直接的に確認したり、実際の現場で経験したりしたことから得る情報を一次情報と言います。

そして、自分は直接経験していないけれど、人から伝え聞いた情報のことを二次情報と言います。つまり、同じ「情報」であっても、**自分自身が経験して得た情報なのか、人から伝え聞いた情報なのかによって大きく意味が違ってくる**わけです。

例えば、皆さんが「社会人になったし、株式投資でも始めようかな」と考えたとしましょう。それを先輩に相談したら「株なんてやめておいたほうがいい。下手に手を出しても損するだけだよ」と言われてしまいました。そして、会社の帰りに株式投資の本を買って読んでみたら、何だか難しそうだし、損をしてしまいそうな気になってきました。

ここで例に挙げた「先輩からの話」と「本からの情報」、これはいずれも二次情報です。こうした時に大事なのが、**「実際に経験して得る一次情報」**だというわけです。

ですから、まずは口座を開設してみて、5万円でも3万円でもいいから、損してもいいレベルで株式投資をやってみる。そこで実際に「為替が円高になると、この会社の株価は上がるのか」「この会社の株価が上がったのは、原油の価格の影響なのか」など、経験しながら情報を得ていくのが一次情報なのです。

皆さんも経験があると思いますが、就職試験で面接を受けようとした時に、面接対策の本を手に取ったかも知れません。そこで「こう聞かれたら、こう答えよ」みたいなノウハウを吸収したかも知れませんが、実際の面接でそのノウハウが役に立ったかというと疑問でしょう。

そもそも、そんな「本に書いてあるような受け答えをする学生を採用したいか」という話ですし、企業の人事部側も「同じようなことを聞いても、学生も対策をしてくるから意味がない」なんてことはわかっています。受かる人は1社目で受かってしまいますし、対策という意味では何社も面接を受けることで見えてくることも多いはずです。

私も本を書き、皆さんに手に取っていただきながらこんなことを書くのも矛盾していると感じるかも知れませんが、本をたくさん読んで二次情報ばかりを集める「評論家」にはならないでほしいと思います。インプットとして本はぜひ読んでほしいのですが、本は補足やきっかけ程度にしておいて、すぐに**実践をし、そこから得られる経験を柱にすべき**だと思うのです。

❖自分なりの一次情報を取りに行く

情報収集というのは基本的に文字情報が多いと思います。人の話を聞く時には聴覚情報だけです。しかし、実際に行動を起こして実践すると、視覚や聴覚だけでなく、触覚や味覚など、**すべての感覚を使って情報を得ることができる**ようになります。そう考えると、二次情報を1時間得る場合と、実践を1時間行った場合では、得られる情報量が格段に違ってくるのです。

一次情報や二次情報という話において、会社でよくあるのは「人の噂」です。ある他部署の先輩の噂話を真に受けて、会ってもいないのに勝手に「こういう人だ」と決めつけてしまわないことです。自分で実際に会ってみて、話してみて、初めてどういう人なのかを判断しなければいけません。他人のことについて勝手に思い込んでしまうことは、何も良いことがありません。

情報の理解について一般的には「リテラシー」と呼ばれますが、「ＩＴリテラシー」や「メディアリテラシー」などといったワードをよく耳にすると思います。特に最近はテレビでの「やらせ」の問題が話題になることも多いですが、テレビや新聞に載っていることが、１００％正しいとは限らないということも皆さんはわかってきていると思います。

あまりに疑心暗鬼になってしまうのも何だか住みにくい社会だとは思いますが、自分を守るためにも**「一次情報に当たる」**ということは意識していただけたら良いと思います。この本を読み終えたら、ぜひ実際に仕事で試してみて、自分なりの一次情報を取りに行くようにしてください。

8 間違った努力をしてはいけない

❖「正しい努力」と「間違った努力」

仕事をするうえでは「努力」が求められますが、この「努力」というものを今一度考えてみましょう。努力には正しい方向性があります。皆さんがこれから行うべきは「間違った努力」ではなく**「正しい努力」**をしなければならないのです。では、「正しい努力」と「間違った努力」というのは何が違うのでしょうか。３つほど例を挙げて考えてみましょう。

①ゴールを間違えている

例えば「CAD（コンピュータ支援設計）の資格を取る」というゴール設定をして、そのゴールに向けて努力をしているとします。しかし、そのCADの資格を取っても会社から評価されなかったり、仕事であまり役に立たなかったりしたらどうでしょうか。勉強をした努力が無駄になってしまうというか、間違っていたことになります。そのゴール設定で正しいのかどうか、しっかりと評価されるのかどうか、事前に見極めなければいけません。

②嫌いなことをやろうとしている

その努力の対象がそもそも好きなのかどうかが重要です。「好きなことを仕事にしよう」などと言いますが、大抵の人は嫌いなことを頑張ることができません。借金返済のためや、ほかの会社に内定がもらえず仕方なく、という事情で努力したところで成果を出すことはできません。好きなことを仕事にするのは難しいですが、**人間というのは基本的に好きなことでないと力が出ないもの**なのです。

③アウトプットをしないで終わる

例えばバレエの練習をしている人は、どこに向かって努力をしているかというと「発表会」です。多くの人に見てもらうために日々練習に励みます。同様に、仕事で会議資料を作成する場合も会議で使ってもらうために作ります。どんなに素晴らしい努力をしても、**アウトプットせず終わってしまうと意味がありません**。①のゴール設定の話に近いのですが、**最終的にアウトプットすることを前提に努力をすべき**です。

以上３つをまとめると、「やりたいこと」「好きなこと」「求められること」に力を入れると正しい努力として上手くいくことがわかってきます。「やりたい」けど「できない」ことであればできるように努力をすればいいですし、「できる」ことでも「求められていない」とすると、満足した結果は得られないでしょう。さらに「やりたくない」「できない」「求められる」となると、それはもうブラック企業かと思うぐらい辛いことなのかも知れません。

❖「正しい努力」をするために

では、「正しい努力をするために気をつけるべきこと」について、また3つほど挙げて解説してみましょう。

①正しい努力をしている人は「努力している」という自覚がない

好きなことが努力につながっているわけですから、実際に正しい努力を重ねている人は「今日も努力しています」などと口にしたりしません。「毎日充実している」というような感覚で仕事に臨んでいるはずです。逆に、間違った努力をしてしまっている人ほど「こんなに努力しているのになぜ評価されないんだろう」と、「努力」というキーワードを口にするようになります。何だか不思議な話ですが、自分自身が無駄な努力をして成果が出ない状態を、正当化したいがゆえに口から出てしまうのだと思います。

②完璧を求めないようにする

何事も完璧にやらないと気が済まない人は、無駄が多いように思います。仕事は「成果」を求められますから、その過程でどんなに努力をしていようが、大して努力をしていなかろうが関係ありません。完璧主義の人は、自分が無駄なところに力を入れていないかを確認したほうが良いでしょう。**ゴールやアウトプットにフォーカスをすべき**だと思います。

③自分自身の努力を常に疑う

どんなに優秀な人でも、時に間違った努力をしてしまうことはあります。そんな時はすぐに**その努力をやめ、正しい努力に舵を切ることが重要です**。「せっかくここまでやったから」などと言ってしがみつくと、時間を無駄にしてしまいます。ですから、自分自身がやっている努力を常に疑い、「この努力は正しいだろうか」と自問自答しながら努力を続けていくべきです。がむしゃらに突っ走ってしまうと、大きなロスになってしまう恐れがあります。

9 ラクすることを考えなさい

❖仕事を手放す意味

先ほど「過程でどんなに努力をしていようが、大して努力をしていなかろうが関係ありません」と書きましたが、実は非常に重要なポイントです。いわゆる「仕事ができる人」ほど、いかにラクに結果を出すことができるかを考えています。「ラク」などというとサボッているようなネガティブなイメージを持つ人もいるかも知れませんが、ただの怠惰ではなく**「前向きな怠惰」**という感覚です。

入社1年目ではどうしても「手を動かす仕事」が多く、議事録を書いたり資料を作成したり、細かい仕事になりがちです。そういった細かい仕事というのは、中身の質よりも量をこなすことで満足感が得られやすいので、多くの仕事を抱えているほど優越感を感じてしまったりもします。しかし、それでは仕事ができる人にはほど遠く、消耗するばかりです。いかにラクをするかを考えましょう。

いかにラクをするかというのは、言い換えると**「仕組み化」**とも呼べるでしょう。例えば、ある資料の作成について、毎回自分が手を動かして作るのではなく「いかに他人でも作れるか」と考えます。そのためにはフォーマットを決めてしまい、各パートに何を書くべきかというルールを決め、それを手順書に書き起こしてしまう。その手順書で誰でもできるようになれば完成というわけです。そうすることで、自分でなくてもその資料が作成できるので、ほかの人に簡単に依頼できます。

実は会社に勤めている多くの人がこれと反対のことをやります。つまり**「自分でなければできない仕事」**を増やすのです。なぜそんなことをするかというと、自分自身の存在意義を確立したいからでしょう。「私じゃなければできない」という仕事を、あえて作っているわけです。アイデアや企画などのクリエイティブなところで「私じゃなければできない」というのはわかるのですが、資料作成などは誰でもできるようにしなければ周囲も困ってしまいます。もっとラクに進められるようにしなければいけません。

考えてもみれば、会社というのは数多くの仕組みで回っています。人事評価制度もそうですし、有給休暇の制度もそう。仕組みの集合体とも言えるのです。これが、「人事部の田中さんがいなければ人事評価をどうやっていいかわからない」とか「山田さんがいないから有給休暇を取得することができません」などということがあると会社は回りません。

ですから、私たちは働きながら**「誰でもできるような仕組み」**を次々に作り、今やっている仕事を手放していかないといけないのです。

❖「仕組み化する仕事」の見つけ方

目の前の作業を「こなす」ことにばかり意識がいってはいけません。**その作業をもっと効率良くやるとか、自動化するということを考えなければならない**のです。そうすると、「自分の仕事がなくなってしまうのでは？」と自分自身の存在意義に不安を感じてしまうかもしれませんが、そこで立ち止まるのではなく、次から次へと仕事を見つけ、仕組み化してラクにしていくことをくり返していけばいいのです。そういった動きに対して、会社は「評価」をしていくものだからです。

では、どうやって「仕組み化する仕事」を見つけるかというと、次のようなポイントがあるでしょう。

・「不」が多い仕事

「このプロセスはやりづらいね」「面倒くさい仕事だ」と感じられやすい部分には「不」がつきものです。「不満」「不便」「不快」など、**「不」を感じる部分というのは改善の余地が十分に残されている場所**と言えます。

・手動で同じやり方をくり返している仕事

２度以上、手動で同じ仕事をくり返している場合には、手順書などを設けて定型化するか自動化する余地があると考えられます。

・よく制作する文章や資料

メールでも議事録でも企画書でも、くり返し入力するものであれば「テンプレート化」することを考えましょう。**「制作時間をいかに短縮できるか」**を考えていくのです。

いかにラクをするかという考え方の重要なポイントは、ラクをすることで**「時間的な余裕を確保する」**ということです。人間は忙しすぎると前向きになれませんし、次の一手が打てません。時間的な余裕を持っておき、仕事のレベルを引き上げるために使っていくのです。そうすることで、最終的には自分の市場価値を引き上げることにつながっていくのだと考えます。

10 出世はしなくても良いのか？

❖「出世するメリット」とは

皆さんは「出世したい」と思いますか？　おそらく、「遊びたいから出世には興味ない」「管理職とか大変そうだから嫌だ」という人がほとんどではないかと思います。ある研究機関の調査によれば、20代で「出世したい」と考える人は40％程度だと言います。つまるところ、６割の若者は「出世にはこだわらない」と考えているわけです。しかし、これはとてももったいないことだなと思います。ぜひとも次の３つの**「出世するメリット」**

に目を向けて、少しだけでも「出世」というものを考えてもらいたいと思います。

①キャリアアップにつながる

キャリアアップというと漠然としたキーワードですが、例えば皆さんが35歳くらいになって、社内でまったく出世もせずに普通の社員として働いているとします。そこで転職をしようと考えた時に市場からどう見られるかというと、「10年以上も役職に就かずやってきた人なんですね」と懐疑的な目で見られてしまうのは間違いありません。逆に部下を持ってマネジメント経験を積んでいる人というのは市場からの見られ方がまったく変わってくるものなのです。会社というのは組織ですから、ずっと普通の社員でいられるよりも、経験を積んだ人はどんどん管理側に回ってほしいと考えます。それを拒んでしまうと居場所がなくなってしまうというのは、組織の論理として必然とも言えるのです。

②実はストレスが減少する

管理職というと「上からも下からも板挟みになって、胃に穴が開くほど辛い」というイメージを持っている人も多いと思います。しかし、実際には多くの企業で管理職は仕事の裁量が大きくなって権限が増えていきます。そうすると、**〝やれること〟**が増えますのでストレスは減っていきます。もちろん「クセの強い部長の下についてプレッシャーがすごい」「まったく言うことを聞かない社員に反抗されてしまう」みたいな個別の話はあると思います。ただ、一般的には裁量権が大きいほどに仕事のストレスというのは下がるものですから、実は若手の頃より気持ち良く働いている管理職が多いものなのです。

③規模が大きくて楽しい

一般社員はあくまで個々の実績で評価を受けますが、管理職になるとチームでの実績で評価されるようになります。自分一人で頑張ってもダメで、チームメンバーのパフォーマンスを最大限に発揮させなければなりません。そのためには人の配置や教育、アメとムチの使い分けなど様々な手を講じてチームを強化していくわけです。

ゲームで例えるならば、サッカーゲームでフォワードとしてプレイして得点を獲りに行くことと、『サカつく』のようなゲームでチームを作って、監督の立場で優勝を目指すことの違いでしょうか。もちろん人によって感覚は違うでしょうが、一人のプレイヤーとしてプレイするよりもチームを動かして優勝するほうが考える規模も大きく、ゲームとしても楽しく感じられるのではないでしょうか。出世して立場が上がっていくことで、同様に「規模の大きい楽しさ」を感じることができるようになるはずです。

皆さんが、キングカズのように「プレイヤーとして最強」であり、**「定年までトッププレイヤーであり続けられる」**という自信があれば、管理職へと出世しなくても構わないと思います。メンバーを管理せずとも圧倒的な数字を出し続けられるのでしたら、会社もそのままのポジションで評価し続けるからです。

ただ、多くの人はキングカズのようなポジションではいられません。1年もすれば自分より若くて体力のある社員が入ってきて、また1年すればもっと若くて体力のある社員が入ってくる。若さや体力ではかなわなくなっていくのです。**自分が生き残っていくためにも、管理職へ出世するという手段は有効なのではないか**と感じます。

ぜひ、ストレスを抑えて楽しく働いていくためにも、「食わず嫌い」ならぬ「ならず嫌い」で出世を避けるのではなく、ひとつの選択肢として出世も視野に入れていただけると良いのではないでしょうか。

11

英語を学ぶ前に身につけること

❖英語は「手段」である

書店へ行くと、ビジネス英語の本は種類が豊富に取り揃えられています。聞くところによると、ビジネス英語の本は常に売れている人気のジャンルなのだと言います。しかしこれは、裏を返すと「身につけたいけれど、なかなか身につかない」ということでもあります。

皆さんも、これからの社会人生活で「英語を身につけたい」と考えているかも知れません。では、これからの時代、英語の習得についてどう考えたら良いでしょうか。

もちろん、無理なく使いこなせるに越したことはないでしょう。インプットが大事だという話を何度もしてきているように、特に**「読む」**という点は重要になると思います。世界に存在する情報のほとんどが英語ですから、日本語での情報収集は世界標準で考えると少し遅いのです。では、英語を読むために何をすれば良いのかというと、これは一概には言えません。英語のリーディング習得についての**「自分に合う方法」**をいかに見つけるかがカギになるのではないでしょうか。


少し無責任に聞こえるかも知れませんが、これはダイエットでも同じことが言えます。「これをやれば100％痩せられます！」というものは世の中に存在せず、人によっては有酸素運動が良かったり、食事制限をしたほうが良かったり、パーソナルトレーナーの存在で痩せられたり、色々なやり方があります。結局のところ、体質も性格も人それぞれですから「自分に合う方法」にいかに巡り合うかがポイントになるというわけです。

英語でも「これを使えば英語がペラペラに」といった教材を買って喋れた気になってしまい、しばらくすると書棚の奥で埃《ほこり》をかぶっているという人も多いのではないでしょうか。

英語のリーディング習得でも同様で、人それぞれなのです。

会社によっては英語を必須にしているところもありますが、皆さんがどうしても英語を生かした仕事に就きたいとか、英語を使って何かを成し得たいというのであれば習得を目指しても良いと思いますが、絶対ではないと思います。忘れてはいけないのが、英語は「手段」であるということです。ですから、「英語ができる人＝仕事ができる人」というわけではありません。英語をマスターしようとする以前に、身につけておくべきことがあると思います。それは**「国語力」**です。

❖まずは「国語力」を身につける

英語力が身につかないことよりも深刻なのは国語力の低下です。「英語を身につければ海外で活躍できる」「海外赴任のチャンス」などと言われますが、「国語力をつけると良いことがある」という話はあまり聞きません。「いや、日本人ですから日本語は普通に使えます」と思われるかも知れませんが、実際には人によって英語以上に大きな差があるのが国語力なのです。

まずは、**論理的に物事を考えて伝えることのできる国語力・日本語力を身につけるべき**ではないでしょうか。日本語でしっかりと自分の意見を述べるということが確立していない人がいくら英語を覚えたところで、海外で活躍できるとは到底思えません。海外ではより一層**「あなたの意見」**を求められます。いくら英語を使うことができても、思考プロセスや話す内容がしっかりしていなければ「英語は使えるけど仕事ができない人だな」という評価をされてしまうだけなのです。

最近では翻訳ツールも高度になってきており、将来的にはリアルタイムに通訳をしてくれるソフトなども広まっているかも知れません。周りに流されて「英語は使えたほうが良いのかも」と目的もなく英語の勉強を始めても、結局は翻訳ツールですべてまかなえてしまったら時間の無駄に終わってしまいます。

それよりも、母語である日本語をしっかりと使いこなせるようになりましょう。特に、「喉元まで出かかったアイデア」というのを言葉にするのは母語でなければできません。日本人は英語で〝創造する〟ことはできないのです。まずは日本語をしっかりと身につけ、そのうえで英語を身につけることが有効であればついでに学ぶ、というくらいのスタンスで良いと思います。

また、その場合でも先ほど書いたように**「英語は手段」**ですから、日本語で考えた自分の意見がしっかりと伝わるかどうかが重要です。伝わりさえすれば文法なんてどうでもいいですし、相手が動いてくれれば主語や述語などどうでもいいのです。日本人は受験英語の影響で完璧な文法を考えようとして引っ込み思案になっていますから、「英語は手段にすぎない」ということは常に頭に置くようにしましょう。

本章のまとめ

- 自分の仕事人生を「クソゲー」にしてはいけない
- 経験を重ねて自分が「勝てる場所」を見つけよう
- 職場の空気に流されず帰れるときは帰り、よく寝よう
- 外に出て交流し本物に触れると、仕事にも役に立つ
- 時間の圧縮や手段の置き換えなど「にんべん」を足せ
- 二次情報に振り回されず、一次情報を取りに行け
- 「正しい努力」と「いかにラクをするか」を覚えよ
- 出世することのメリットにも目を向けてみる
- 英語習得の前に自らの国語力を見直しなさい

第6章

将来を見据えて考えておきたい8つのこと

一人前になるには50年はかかるんだ。
功を焦るな。悲観するな。
もっと根を深く張るんだ。根を深く張れ。

升田幸三（将棋棋士・実力制第四代名人）

1

自分にとって何が重要なのかを常に考えよ

❖「自分の時間」を大切にする

今からは想像しにくいかも知れませんが、昭和の後半までは社会全体が右肩上がりに成長をしていて、給料もどんどん増えていくような状況でした。仕事もたくさんあり、とにかく長時間働ける人が求められていて、みんながまさにバリバリ働いていました。

しかし、令和になった現代は違います。人手不足から長時間働くことは求められるかも知れませんが、社会全体が右肩上がりに成長しているわけではないのです。「成熟」「飽和」といった言葉が当てはまり、そういった時代には価値観も多様化していますから**正解はひとつではありません**。働く皆さんが仕事や会社に求めるものも異なるはずです。

その時に、「バリバリ働いてお金を稼げ」「社長を目指して出世しろ」というのは何だか違うと思います。入社1年目の社会人である前に皆さんは一人の人間ですし、**皆さんの人生は皆さんの意思で生きるべきでしょう**。実際、年収と幸福度の相関について、ある雑誌で調査をしていました。

年収200万円、300万円、400万円と給料が増えるほど幸福度も比例して上がっていったのですが、400万円以降は幸福度がほとんど変わっていませんでした。さらに年収1000万円以上になると、再び少し上昇するのですが、そこから先はむしろ下がっていくのです。お金をたくさん稼いでも、幸せだと感じていないということです。

では、なぜ年収が増えているのに幸福度を感じないのかというと、「時間」が関係しています。同じような調査で、年収別の残業時間を見てみると、年収が上がるにつれて残業時間もどんどん増えていることがわかりました。当然と言えば当然の結果です。人より多く働けば、それだけ多くお金をもらえるというわけです。しかし、残業時間が多いということは逆に考えると「自分の時間」が減っていってしまうわけです。年収が上がって残業時間も増えてくると、逆に自由な時間が減っていく。自分の趣味に充てる時間がなくなったり、友達や恋人、家族と一緒にすごす時間がなくなったりしてしまう。そうすると人は「幸せじゃない」と感じてしまうのです。

バリバリ働いてお金をたくさん稼いだのに、「幸せじゃない」というのは寂しい話です。しかも、バリバリ働くことで必ずしもお金をたくさん稼げるわけでもないですし、「過労死」も最近問題になっています。この過労死の原因こそ、残業時間が多すぎて全然休めなかったり、心や体を壊してしまったりすることです。昔よりも「過労死」に関連するニュースは増えているように感じますが、海外では「過労死」はなく日本だけの問題です。働きすぎて死ぬという発想が外国人にはありませんので、海外で報じられる時は日本語がそのまま「KAROSHI」として表記されるのです。

❖「やりがい」と「生きがい」

政府も「働き方改革関連法」を作って対応してはいますが、それよりも皆さんには**「自**

分自身にとって何が重要なのか」を常に意識してほしいと思います。お金を稼ぐことは重要ですが、それよりも大切なのは皆さんの身体ですし、**「やりがい」**や**「生きがい」**です。仕事をして給料をもらうということは、皆さんが提供する業務に対して喜ぶ人がいて、そこに価値を感じてお金を払ってくれる人がいるから給料につながるわけです。

自分が働くことで世の中の誰かが喜んでくれたり、人の命を助けたりすることにつながると、それが「生きがい」や「やりがい」になっていくのです。ですから、ぜひ**「社会のために役に立っている」**と思える仕事をしてほしいと思います。それが自分自身にとって何なのかを早いうちに見つけて、そこに没頭することが大切なのです。そのためにも様々な仕事や遊びを経験しながら、自分のアンテナに何が引っかかるのかを感じ取ってほしいと思います。

そういった意識がないと、ただ仕事ばかりをこなして、大切な時間を失い、やりがいや生きがいも感じられなくなってしまいます。そんな事態にはならないよう、ぜひあなたにとっての**「価値」**を忘れないでもらいたいと思います。

2

5年後なんてわからない。まずは目の前だ

❖長期的な目標ではなく、短期目標をクリアする

第4章で書いた「PDCA」サイクルの最初はPlanです。これは計画を立てましょうということなのですが、近年このPlanの重要性が薄れてきています。私自身もPlanはそこまで重視する必要はないと感じていて、とにかく**Doから始めてCheckをしっかりやるべき**だと感じています。

入社1年目ですと、もしかすると先輩や上司から「きちんとしたキャリアプランを立てていけ」などと言われるかも知れませんが、鵜呑《うの》みにしなくて良いと思います。今の時代、**長期的な目標を立てても意味がない**からです。

学生時代でしたら大学4年間でしっかりと授業に出て、論文を書いて、就活をして、と目標を立てられたかも知れませんが、ビジネスの世界では何が起きるかわかりません。大企業であっても潰れてしまったり、海外企業に買収されたり、思いもしないことが起きるものなのです。

そんな世界の中で「5年後にこれをやります」などと言っても、その通りにできる可能性はとても低いものです。それが達成できないからといってあなたのせいではありませんし、固執してもいけません。例えば、証券会社に就職したとして、「5年後には〃証券のプロ〃と呼ばれるために○○の資格を取って、お客様から○億円の資産を預かって……」などと計画を立てたとします。

しかし、お金や金融という構造自体が大きく変化し、証券会社という形が変わっているかもしれないのです。そんな時に「あの資格を取るまでは会社を辞められない。せっかく立てた目標なんだから……」などと意地になっても仕方がないのです。

外部の環境も内部的な状況も、必然的に変化をしていきます。会社が潰れるかも知れませんし、業態が変わるかも知れません。そんな時代の中で、**今の自分に見えている環境を前提とした計画を立てても意味がない**のです。内部というのは、つまりあなたの心の中にも変化が生じることでしょう。経験を積んでいくにつれ、視野が広がり、自分が想像もしていなかった仕事をしているかも知れません。価値観も変化して人生の中での優先順位も変わることでしょう。

私自身もその一人です。入社1年目の時には想像もしなかった業界で仕事をしてきましたし、こうして本を書いたり、全国で講演活動をしたり、まったく考えてもいないことを今やっています。また、入社1年目の時と比べても価値観は大きく変化していて、例えば結婚や子どもにはまったく興味がなかったのに、今は結婚して子どももいて、楽しく子育てをしています。

社会に目を向けても、昔だったら想像もつかないような職業もたくさん生まれています。そんな状況を考えてみても、「5年後のプランをしっかり立てろ」などというアドバイスは無責任すぎて言えません。仕事があっての人生ではなく、人生があっての仕事ですから、現在は5年後や10年後の自分の仕事が見えなくても、**自分を取り巻く環境の変化を読みつつ、目の前の仕事に必死になっていれば良い**のです。

無理に5年後を見通そうとする必要はありません。将来が不確実性で溢れている以上は、長期的な目標を立てるのではなく、むしろ**目の前の短期目標を絶え間なくクリアしていくこと**です。そして**どんな変化が起きようとも驚かない柔軟性を身につけるべき**なのです。

❖今いる場所で評価されることが成功への近道

また、どんな仕事をするとしても、考えておいてほしいことがあります。それは、「**これはほかの場所に行っても通用することか？**」という意識です。仕事の中には**「自社でしか通用しないやり方」**と**「他業界でも通用する仕事のやり方」**があります。そこをしっかりと見極めながら、どういったスキルに注力すべきなのかを意識し続けてもらいたいものです。

そのうえで、**「現在の環境でいかに評価される人間になるか」**を考えてください。目先の仕事でしっかりと結果を出すことは重要です。「ここは自分の居場所じゃない」「こんなところで仕事をしているはずじゃなかった」と嘆くような人は、どこに行っても活躍できません。**今いる場所で評価されることが成功への近道なのです。**

仮にこの先、短期間で会社を辞めて転職することがあったとしても、短期間で何かしらの実績を出しているかどうかで、あなたの評価は変わってきます。単に「短期間で辞めた人」なのか、「短期間で成果を出して辞めた人」なのかで大きな違いがあるのです。

ぜひ、目先のことを疎《おろそ》かにせず、どんな小さなタスクでも120%の本気で臨んで結果につなげてください。そして、クリアすべきハードルをどんどん上げていく心構えを持ちましょう。会社がハードルを設定してきても、自分自身でもっと高いハードルを課して、自分の未来を切り開いていくのです。

3

会社の常識に染まるな

❖意識的にインプットを多様化させる

目先のことに本気で臨むうえでひとつ注意してほしいのは、**「会社の常識に染まるな」**ということです。本気で仕事に臨むのに、会社に染まるなというのは矛盾しているように感じるかも知れませんが、これはとても大事なことなのです。実は、会社に入って染まるというのはとても簡単なのですが、特定の会社に染まってしまうと染まった色以外の色が出せなくなってしまいます。逆に、染まらなければ色々な色が出せるのですが、染まらないというのは意識していないと難しい。先ほども書いたように、変化の激しい時代を生き抜くためには、**色々な色を出していかなければならない**のです。

では、染まってしまうとはどういう状態なのかというと、例えば次のようなことです。

・「とりあえず打ち合わせをしておこう」と考える

・あとで責められたくないので、とりあえず反対意見だけ軽く言っておく

・上司の顔色を伺いながら何事も判断してしまう

・「言ってもどうせダメだから」とアイデアを出すこともやめてしまう

まだ会社の状況がわからない皆さんからすると、「こんな大人になってたまるか」と思うかも知れません。しかし、このような人が周りにいれば、知らず知らずに染まっていってしまうものなのです。会社に入ると、「ビジネスパーソン専用ギプス」をつけられたようになります。ギプスというのは、少しずつ補正していくものですから、あなた自身も少しずつ変化していき、数年もすると「なってたまるか」と思っていた大人になってしまう

ものなのです。

ですから、染まらないためにも強く意識をしてほしいのです。また、何度か書いてきたように自分を客観視できるよう社外の人との交流を欠かさないようにしましょう。同じ職場の人とばかり顔を合わせて愚痴を言っていても、根本的な解決にはなりません。現状に不満を持ちながら、馴れ合いによっていずれ同質化されてしまいます。社外の人と触れたり、外に出て学びを深めたりしながら、意識的にインプットを多様化しておきましょう。そうしなければ、**自分自身の常識でさえも思っている以上に影響されてしまいます**。

❖黒以外の色を知ること

社会では、ブラック企業が問題になっていますが、客観的に見れば「逃げ出せばいいじゃないか」と思うものです。しかし、実際に入社1年目でそういった会社に入ってしまうと、すぐに染まってしまい「これが社会というものだ」「どんな会社でもこのぐらい厳しいものなのだ」などと感じてしまうのです。ブラック企業をブラックだと認識できるのは、**黒以外の色を知っているからこそできるのです**。ですから、自分がいる位置や常識を理解するためにも、それとは違う価値観を理解するための**複数の視点**を持っておく必要があります。

皆さんはまず目の前の仕事を覚えようと必死になるかも知れませんが、私は自分自身の常識を保つという意味でも「早いうちから副業を考えても良いのではないか」と思うくらいです。

会社の常識に染まらないためにも、視点をいくつも持ったうえで、自分で判断していくしかありません。染まる、染まらないについて書いてきましたが、結局は「自分の心に素直になること」「無理をしないこと」「できることをやっていくこと」などが大事なのではないかと思います。

4

貯金なんかせず投資せよ

❖貯金をしても意味がない

「年収が増えても幸福になるとは限らない」ということを先ほど書きましたが、皆さんはお金があったら何に使いますか。ある調査では、20代の7割が「お金を使うことより、貯めることに喜びを感じる」という結果でした。皆さんも給料は貯金したいと考えますか？

もし貯金を真っ先に考えるという場合、私からは**「絶対にやめたほうが良い」**と言いたいです。20代で貯金をしても意味がないからです。その理由を説明していきましょう。

①お金に縛られた思考になってしまう

若い頃から銀行口座の残高を意識するようになると、様々な判断基準が「お金」に偏ってしまいます。やりたいことやほしいものが見つかっても、「お金がもったいない」という理由で手を出さなくなります。むしろ、その考え方自体がもったいないのです。**お金に縛られて思考を狭めてしまうことは、大きな機会損失です**。

②お金に縛られた行動を取ってしまう

貯金をしようとすると支出を切り詰めますから、思考だけでなく行動も慎重になります。慎重な行動を取り続けてしまうと、当然ながら誘いも減ってしまい、若いうちにできるはずの経験を逃してしまいます。これもやはり損失として非常に大きなものと言えます。

③貯金をするよりも大切なことがある

よほどの技術や経験でも持っていない限り、一般的には20代で会社から支給される給料はそこまで多くないと思います。ですから、頑張って貯金をしたとしても、貯められる金額というのはたかが知れています。貯金というのは、年齢を重ねてからいくらでもできますが、逆に環境的にも体力的にも20代でしかできないことも山ほどあります。20代のうちに貯金ばかりに精を出してしまい、**さほど幸せを感じない大人になってしまうのは絶対に避けてほしい**ものです。20代では貯金をするよりも大切なことがあります。

❖何にお金を使うか

では20代では何が大切でどんなことにお金を使うべきなのか、説明していきましょう。

①経験してみたいことに使う

若いうちは**経験値を貯める**ことが重要です。そのため「やってみたい」と思うことを大切にしてください。やってみたいことを経験することが、今後の人生で何より大事です。

②仲間との思い出に使う

自分自身の経験だけでなく、友人知人との思い出のために何か企画したり、楽しいイベントに参加したりするというのも生きたお金の使い方と言えます。自分が企画する際には「どうしたら人を楽しませることができるか」を考えますし、自分が参加者側であれば「どういったことなら楽しめるか」ということを学びながら経験することができます。これからは**体験価値が上がっていく時代**ですから、そんな経験は必ず役に立ちます。

③自分に対して使う

経験や思い出も良い投資と言えますが、最もオススメしたいのが**自分自身のビジネススキルへの投資**です。皆さんが経営者になるかどうかはさて置き、将来的に会社だけでなく個人でも収入を得ようとしたらスキルが必要です。そういったビジネススキルを早くから学ぶことで確実に人生の選択肢が増えていきますし、20代でできる貯金額など一気に上回ることも可能でしょう。20代は学びの吸収率も高いですから、この時期に**「自分の学び」**に投資をすることで、より効率の良いリターンが得られるはずです。

とにかく、行動して自分の価値を高めることにお金も時間も使っていってください。

5

本を読まない人は絶対に成功しない

❖「読書」という習慣

自分への投資という意味でひとつ大きな声でお伝えしたいのは、**「読書をしましょう」**ということです。

この本を手に取ってこの文章を読んでいるあなたに言うことではないのかも知れませんが、本を読まない人は絶対に成功しないと言い切れます。本を読んだほうが良いというのは学校の先生をはじめ多くの人から言われてきたと思いますが、それでも習慣的に読書をしている人というのはほとんどいないものです。それは、読書をしたほうが良いのはわかるけど、具体的にそのメリットを教わっていないからではないかと推測します。

私自身、学生時代はまったく本を読みませんでした。

社会人になってから色々なことで苦労するようになり、先輩から「本を読んだほうが良いのでは」とアドバイスをもらって素直に読書をするようになってから、〝**人生が変わった**〟と言って良いほどの変化がありました。だからこそ、「読書をしたほうが良い」と胸を張って言うことができます。

❖「読書」への勘違いをなくす

では、なぜ読書をしたほうが良いのかというと、**「本を読む人と読まない人では、見える世界が圧倒的に違う」**からです。人間というのは今の学力で差がつくのではなく、**「学**

ぶ意欲」や**「学ぶ習慣」**があるかどうかで、他者との差がついたり人生が大きく変わったりするものです。ですから、その習慣がない人は進化や成長をすることができず、常に新しいことを学び続ける習慣を持つ人に比べ、**人生の充実度が低いものになってしまいます**。

これは、あらゆる成功者に話を聞いて確信していることなので間違いありません。多くの本を読む人ほど、現実の厳しさを知りながらも知識を身につけ、その打開策を見出すことができています。それでも読書をしない人というのは、「いくつかの勘違い」をしていると思います。具体的にどういった勘違いなのか、解説してみましょう。

①「本を読む時間がない」という勘違い

「本を読みなよ」と言うと、大体「本を読む時間がないんですよ」と言われます。入社1年目の人に限らず、10年目くらいのベテランであってもこういう言い訳をします。しかし、「本を読む時間がない」というのは大きな勘違いで、「本を読む時間がないのではなく、本を読まないから時間がないのだ」と言いたいです。

経営者や優秀なビジネスパーソンなど忙しい人ほど本を読んでいます。読書に時間を使ったほうが効率的に知識を得られ、結果的に時間に余裕がもたらされるということを理解しているのです。「時間がない」という理由で読書をしないと、自分のこれまでの経験のみで物事にぶつかっていかなければなりません。そんな状態がずっと続いてしまうからこそ、どんどん時間がなくなっていくという負のスパイラルに陥っていることに気づかなければなりません。

②「可能な限り速く読まなければ」という勘違い

「読む時間がない」という勘違いがあるからこそ「速く読まなければ」という勘違いをする人も多くいます。同じ理解度であればもちろん速く読むほうが良いに決まっていますが、理解できないのであれば速ければ良いというものではありません。自分なりのペースで読めば良いのです。速読の技術を身につけることができずに読書ができないというのは本末転倒と言えます。月に何冊読んだかを自慢している人もいますが、読書の本質は、「どれだけの数を読んだか」ではなくて**「何を学んだか」**ということです。**自分が読みたいものをしっかりと理解できるほど読み、学びを得ることが重要なのです**。読書を習慣にできるよう、まずは自分なりの読み方で良いから読み進めていきましょう。

③**「難しい本を読まなければ」という勘違い**

読み方もそうですが、「何を読むか」というのも勘違いしやすいところです。「最初に何を読むべきか」「難しい本を読んだほうが良いのか」などと質問されることも多いのですが、**自分の興味のあるものから手に取って読んでいけば良い**のです。難しい本だから役に立つとか、良いことが書いてあるとも限らないものです。自分に足りないものや興味のあることなど、書店で本を眺めながらピンと来たものを手に取っていけばそれで良いのです。どうしても決められない人は、自分が尊敬する人や「こんな先輩になりたい」と思う人に、「オススメの本はありますか？」と聞いてみれば良いでしょう。本の好みは人それぞれ違いますから、誰彼構わず聞いてみるというのは違います。その点は注意しましょう。

④**「最後まで読まなければ」という勘違い**

「本を買ったからには最後のページまで読まなければ」というのも大きな勘違いです。読書の目的は何かを学び、何かを得るということですから、その本から得るものがあれば必ずしも最後のページまで読む必要はありません。また、本を読み始めて途中から面白くなくなって読み進められなくなることもあるかも知れません。そんな時には読むのをやめてほかの本に移ってしまって構わないのです。面白くないと感じるということは、**今のあなたが求めていない内容であるということ**です。読書時間には限りがありますから、ほかに移らなければもったいないと言えるでしょう（この本がそうならないことを願うばかりですが）。

これらの勘違いを払拭《ふっしょく》して読書をしっかりしたからといって、全員が成功者になるかというと、それも違います。読書というのは学びを得ることですが、その学びは実践して初めて役に立つものです。書いてあることを「なるほど」と感じたのなら、実際にそれを試してみるところまでがセットです。そして、試してみて上手くいかなかったら、「なぜ上手くいかなかったか」と考えながら修正してみる。そういった動きのくり返しこそが、**血肉となる読書**なのです。

6 転職判断はどうすべきか

❖「転職したいかも」と思った時に考えること

私が生まれた「昭和の時代」には、入社した会社で最後まで勤めあげて定年を迎えることが当たり前でした。いわゆる「終身雇用」というやつです。しかし2019年4月19日に経団連の中西宏明会長が「正直言って経済界は、終身雇用はもう守れない」と発言し、同年5月13日にはトヨタ自動車の豊田章男社長も「終身雇用を守っていくのは難しい局面に入ってきた」と述べ、大きな話題になりました。大企業ですら「長く働かせるのは難しい」と言っているわけですから、人材の流動化は令和の時代に進むはずです。

そう考えると、この先あなたもいずれ転職を考える時が来るかも知れません。それが半年後なのか、3年後なのか、10年後なのかは定かではありませんが、「転職しようかな」という思いがよぎった時に、頭に置いていただきたいことがいくつかあります。

よく「入社してから3年以内の転職は不利ではないか」という話を耳にします。「石の上にも3年」ではないですが、ひとつの会社に3年もいられないようでは転職する際に不利になってしまい、なかなか次の会社が見つからないという話です。実際に、皆さんが3年以内に「転職したいかも」と思った時には次のことを考えてほしいと思います。

①現在の会社を辞めるメリット・デメリットを整理する

入社1年目というのは人生で初めての経験が多いので、慣れない日々をすごしていると思います。そうすると疲れも溜まりやすく「辛い」「辞めてしまいたい」と考えてしまうこともあるでしょう。ただ、アルバイトなどとは違い、簡単に辞めないほうが良いのは確かです。新卒での就職活動とは違い、転職活動というのは**「社会人経験」**に着目されます。

そう考えると、入社早々に退職してしまうと、どこへ面接に行っても良く思われない可能性が出てきてしまうのです。


入社して間もないけれど、「転職したい」という場合には、慎重に現在の会社を辞めるメリット・デメリットを整理してください。なぜ辞めるのか、辞めることでどうしたいのか、辞めた場合のデメリットは何か、できれば一人で抱え込まず同僚などに相談してほしいと思います。さらに欲を言えば〝転職経験のある先輩〟に相談できるとベストです。

②健康を損なうなら早めに逃げる

辞めたい理由として「仕事を続けるのが辛い」という場合、その原因が何なのかを冷静に探ってみてください。仮に「違法な長時間労働」であったり、「サービス残業を強いられる」であったり、会社として違法性が見受けられるようであれば話は変わってきます。

また、特定の上司による「パワハラ・セクハラ」なども同様です。

俗にいう〝ブラック企業〟のような環境で苦しんでいるのであれば、慣れてしまう前に早めに逃げるという判断を下すほうが賢明でしょう。この場合、会社の上司に相談しても「今辞めても損をする」「仕事が身につくぞ」などと言われるかも知れませんが、あなたの健康を損なってしまっては仕事どころではありません。速やかに逃げてしまいましょう。

③合わないのなら変えられないか相談する

違法性はないけれども、人間関係で悩んでいるとか、仕事内容がどうしても合わないということはあるかも知れません。そういった場合は、会社を辞めずとも人事異動などによって問題が解決することもあります。私自身、入社1年目の時に配置転換になり、8カ月くらいで支店を異動することになりました。しかし、異動先の人間関係が上手くいかず、通勤時間も倍以上になり、辛くなってしまったので、上司に訴えました。何度か話し合いをした結果、上司の働きかけのお陰で元の支店に戻ることを許されたのです。

元支店の先輩からは「出戻りやがって」などと、初めの頃は嫌味を言われたりもしましたが、すぐにおさまって気持ち良く仕事ができるようになっていきました。ここで重要なのは、原因が何なのかをハッキリさせるということです。単に「異動させられたことに不満がある」などと言ってしまうと「会社組織なのだから仕方がないだろ」と一蹴されてしまいます。私自身、異動したことによって人間関係が合わなくなったり通勤時間が伸びて健康上の問題が起きたりしたことを冷静かつ具体的に上司に言ったことで納得してもらえ、解決するために動いてもらえたのです。

会社としてもせっかく雇用した新人ですから、可能な限り気持ち良く働いてもらいたいと考えてくれているはずです。感情的にならず、何が原因で働き辛さを感じているのか、しっかりと判断するようにしましょう。

7
「信用」が重要な時代に突入した

❖「信頼関係」はなぜ重要か

第1章で「新人の最強の武器は〝挨拶〟だ」と書きました。常に礼儀正しく人に接していれば、そこには良質なコミュニケーションが生まれていきます。そして、良質なコミュニケーションをくり返していると、あなたと周囲の間には**「信頼関係」**が生まれていきます。この信頼関係こそが、**仕事をしていくうえで非常に重要な要素**になっていきます。

信頼関係が大事だと言っても「まあ、それはそうかも」とピンと来ないかもしれません。しかし、逆の状態を考えてみましょう。もし信頼関係がない状態で仕事をすると、「この重要な案件はあいつに任せるべきではない」「急ぎの仕事を頼まれたけど、本当に急ぎなの？」「トラブルが起きたけど、あの人には報告しなくてもいいよね」などという判断が起きてしまい、なかなか仕事が進まないことが気づかぬうちに続いてしまいます。

こういった仕事が進まない状態こそが、コミュニケーションを取るうえでの「無駄」になります。相手を信じて進めていけば済む話なのに、無駄な詮索や遠回りをしたり、仕事が停滞したりする事態が起きてしまう。よくある話ですが、こういった無駄はないほうが良いに決まっています。

そのためにも、信頼関係を築いておくことは重要です。また、信頼関係が構築されていれば、自分が困った時にも周囲から助けてもらえることでしょう。つまり、信用されていれば、**これからの時代は生きていくうえで困ることがなくなっていく**とも言えるのです。

❖まず相手に与えることから始める

それでは、信用されたり信頼を築いたりするには具体的に何をすれば良いのでしょうか。まずは何よりも**「真摯である」**ことです。周囲から与えられた仕事は、責任を持って誠実に遂行しましょう。仮に指示が理解できなければしっかりと確認するのです。もしミスをしてしまったら、丁寧に謝罪します。**一つひとつのことでそういった真摯な行動をすることにより、徐々に信頼関係というものは構築されていきます**。

そして、それらを実現するためにも**正しいコミュニケーション**が必要になってきます。正しいコミュニケーションというのは、仕事を受ける時に**聞くべきことを聞く**ことです。特にその仕事の重要性や背景、締め切りや品質の基準などです。こういったことはどうしても曖昧になりがちで、それによってアウトプットを間違えてしまい信頼を失うことにつながります。

「真摯である」ということに加え、**「相手の期待を上回る」**ということも挙げられます。例えば私の友人で、とある企業の最年少役員になった男性がいます。彼が入社1年目の時に何をしていたかと聞いてみると、それはまさに「期待を上回る」ことのくり返しでした。与えられた仕事に責任を持って誠実に遂行するのはもちろんのこと、依頼してきた人のことを想像し、喜びそうなことを「＋α」するのです。例えば、ある日の営業活動中に上司の革靴の紐《ひも》が切れてしまいました。新人だった彼は咄嗟《とっさ》に「靴紐を買ってきます」と言って次の商談場所に着く前に靴紐を買ってきて、商談場所のオフィスビルのロビーで結び直して差し上げたそうです。さらに、その際に靴が汚れていたので靴磨きもしたと言います。

これは別に上司に媚《こ》びているわけではなく、「商談の際に紐が切れた革靴では見栄えが悪い」「靴も汚れていたからついでに磨いた」とあとで語っていて、上司にも「靴磨きが得意なんです、俺」と言ってのけたそうです。上司としてはおそらく「そこまでやってくれるのか」という気分になり、彼のことがかわいくなってくるはずです。

この靴紐の件だけでなく、同様に「周囲の人が困っていたら積極的に手を差し伸べる」

「相手の期待を上回るようなことをしてあげる」という心がけで行動を続けていたようです。そうなると、彼が仕事で困ったことがあれば、上司もすぐに相談に乗ってあげたり、何かしてやろうという気持ちになったりするのも当然のことでしょう。

相手の期待を上回るというのは、つまり**「もらうことよりも与えることから始めている」**ということです。誰でも友達の誕生日や結婚式では「喜んでもらおう」という気持ちで、お金ではなく、打算もなく、「何かを与えよう」とすると思います。そういった特別な日に限らず、仕事でも同じ気持ちで常に臨むべきだという話なのです。

特にこれからの時代は、お金より**「信用」**が重要な時代になってきていると思います。ビジネスのキャリアにおいても信用を築くには、まず相手に与えることから始めていきましょう。

8

無数の選択肢のうえに「今」があることを忘れてはいけない

❖過去の選択を悔やむな

皆さんは、書店で数ある書籍の中からこの本を手に取り、そして今この文章を読んでくださっています（ここまでお読みいただき、ありがとうございます）。

それと同じように、人は常に様々な選択をくり返しながら「今」を生きています。時には選択に悩み、人に相談したりすることもあったでしょう。「あそこでは選択を誤った」と後悔することもあったかもしれません。入社1年目を迎え、「この会社で本当に良かったのだろうか」とか、そもそも「もっといい大学に入っていれば」などと不安を感じている人もいるかも知れません。

しかし、過去の選択に後悔したり、悩んだりする必要はありません。今まで決定してきた選択は、その時に**「その選択が一番良い」**と思って選択したものです。人間は過去の自身の経験から選択肢を決めているものです。**経験を重ねることで、自然と選択するものが決められていきます**。その人としては最善の選択をしているわけですし、どんな結果であれその人の経験として次に生かされます。人は常に学びながら、「人生の選択」が上手くなっていくものです。ですから、過去の選択について悔やむ必要はありません。

しかし私たちは、人それぞれ様々な運命を背負いながら今を生きています。貧しい家に生まれ、ロクに勉強もできなかった人もいるかも知れません。普通すぎる家庭に生まれ、お金持ちを羨《うらや》みながら学生生活をすごしてきた人もいるかも知れません。どんな家庭で生まれ、どう育っていくのかは、運命のようなものです。自分で決めることはできません。しかし、その中でも、「どんな学部を選んできたのか」「どんな会社を選んで入ったのか」というのは、自分で決めてきたことではないかと思います。

また、その選択の中には多くの人がかかわってきたはずです。世の中にはたくさんの人々が存在していますが、**その中で出会う人というのも運命のようなもの**です。無数の偶然の積み重ねがあって、その人と出会い、今に至ります。今いる会社についても、無数の偶然の積み重ねがあって、そこにいるわけです。

❖道を開くために

これからの会社の中での動きについても、運命の連続になることでしょう。配属先がどこなのか、上司が誰なのか、同僚はどんな人なのか、誰にもわかりません。これも運命ですから、あなたは受け入れるしかないのです。**運命によって与えられた環境の中で、いかに良くしていくかを考えていくべきです**。

もちろん、仕事ですから辛いこともあるかも知れません。私も辛いことはいくつも経験してきました。「だからあなたも我慢しろ」ということが言いたいのではなく、そういった辛い局面が来た時の受け止め方について考えてほしいのです。どんなにムカつくことがあっても、不満があっても、結局それは「自分が選択してきた環境で起きたこと」なのです。

「なんでこんな目に」「ムカついた、やってられない」などという言葉は、安易に口にするべきではありません。自分が選んできた結果だからです。ですから、「運命を引き受けよう」と考えて、目の前のことを必死にクリアしていくべきです。**「この状況を打破するにはどうしたら良いんだろう」と考えることで道は開けていくのです。**

もしかすると、過去の選択が異なっていたら、あなたはこの世にいないのかも知れません。そう考えると、これまでの選択は間違っていなかったと思えるはずです。そして、自分が選択してきたからこそ今があることを理解し、その状況を受け入れ、目の前でできることに必死になること。それこそが、これからの時代に道を開く術だと思います。

仕事での学びを生かし、これから先の人生をより良いものにしていきましょう。

本章のまとめ

・自分にとって何が大切なのかという「価値観」を大切に
・現在の環境でいかに評価される人間になるかを考えよ
・会社の常識に染まらず様々な「色」を知ろう
・最もリターンの大きい投資は「自己投資」である
・勘違いせずに読書をし、行動に移して血肉としよう
・転職は絶対ダメではないが、冷静に状況を見極めよう
・最初に自分から「与える」ことを考えて行動しよう
・今を生き、「どう良くしていくべきか」だけを考えよう

おわりに

ここまでお読みいただき、本当にありがとうございます。

冒頭で書きました通り、私が社会に出て1年目に「お前が一番使えないな」と言われてから25年が経ったわけですが、「その頃の自分に教えてあげたいこと」をギュッと詰め込んで「心得」という形で書かせていただきました。

本書は経営者や取締役など、様々な階層の人に向けた「心得」シリーズのひとつではありますが、入社1年目に関しては、どの階層にも当てはまる重要な「基礎」が含まれていると言えます。私自身も今なお意識していることがたくさんありますし、執筆しながら改めて「最近できていなかったから、しっかりやらなければ」と気を引き締めるきっかけにもなりました。

そして、心得という言葉について改めて考えてみましたが、実は様々な意味が込められていることもわかりました。例えば「理解していること」や「常に心がけていなければならないこと」、「守るべき事柄」「身につけていること」という意味だったりもするのです。

ですから、「心得」というタイトルがついてはいますが、本書の内容についてはぜひひとも「理解しました」や「心がけます」ということではなく、日々の行動に落とし込むレベルにまで取り入れていただき、「身につけている」という状態になってほしいと思います。

昔は、「優秀な人」と「そうでない人」を分けるのは様々な要素がありました。その中でも特に「情報」は重要で、いかに早く他人の知りえない情報を取り、それを動きにつなげていくかが成否を分けていたように思います。早く情報を掴むことができれば、他者より抜きん出ることが可能だったというわけです。

しかし、現代はインターネットの普及もあり、情報へのアクセスは誰でもほぼ同じようなスピードで取ることができるようになっています。そうなると、何が重要になるかといえば、動きつまり「やるか、やらないか」という行動力にかかってきます。同じ情報を得たとしても、それを動きにつなげる人となかなか動かない人で大きな差になってしまうのです。それがたとえほんの少しのスピードの差であったとしてもです。

ですから、ここまで読み進めてくださった皆さんに最後にお伝えしたいのは、「動きにつなげていきましょう」ということです。何でもそうですが「読んだだけ」「聞いただけ」でその気になってはいけません。行動につなげて初めてその知識は生きてきます。逆に言えば、行動につなげなければその知識はないに等しいものになってしまいます。せっかく時間を割いて本書をお読みいただいたのですから、ぜひ本書の内容で試してみたいと思った部分があれば、細かいことは考えずに行動につなげてみてください。

実際に私が25年間、続けてきて感じたことや効果があったことですから、きっと皆さんにも役に立つはずですし、行動を続けることで明るい未来が待っているはずです。そのことをしっかりと〝心得〟て、仕事に励んでいただきたいと思います。応援しています。

そして、これまで25年間、ともにお仕事をしていただいたすべての人に感謝します。皆さんからの指導、叱咤《しった》がなければこの本を書くことはできませんでした。入社1年目から、大きな失敗や挫折を味わってきました。時にはすべてを投げ出して辞めてしまいたいと思うこともありました。しかし、この本を書き上げたことで、すべてが報われたような気がします。本にまとめただけでなく、本書の内容に基づいた講演も行っていきたいと思っています。もし「うちの会社に来て新人に話してほしい」などの依頼がありましたら、お気軽にお声がけください。読者の皆さんに講演会場でお会いできる機会を私も楽しみにしています。

原マサヒコ

【著者紹介】

原 マサヒコ（はら まさひこ）

プラス・ドライブ株式会社 代表取締役
1996年、神奈川トヨタ自動車株式会社に現場メカニックとして入社。5000台もの自動車修理に携わりながらも、技術力を競う「技能オリンピック」で最年少優勝に輝く。さらに、カイゼンのアイデアを競う「アイデアツールコンテスト」でも2年連続全国大会出場を果たすなど活躍。活動の場をIT業界に変えると、PCサポートを担当したデルコンピュータでは「5年連続顧客満足度NO.1」に貢献。インターネットベンチャーや1年間のニート、フリーランスなどの経験を経て2015年にライティングに特化した会社を設立し、現在は多くのクライアント先に対して付加価値を提供している。また、全国から講演依頼を年間で50回以上受け、「トヨタの現場ノウハウ」や「若手のキャリア構築」について講演することをライフワークとしている。著書に、『人生で大切なことはすべてプラスドライバーが教えてくれた』（経済界）、『どんな仕事でも必ず成果が出せる トヨタの自分で考える力』（ダイヤモンド社）、『Action！トヨタの現場の「やりきる力」』（プレジデント社）などがある。

〈原 マサヒコ公式サイト〉
http://www.haramasahiko.com/

視覚障害その他の理由で活字のままでこの本を利用出来ない人のために、営利を目的とする場合を除き「録音図書」「点字図書」「拡大図書」等の製作をすることを認めます。その際は著作権者、または、出版社までご連絡ください。

入社1年目の心得

2020年3月22日　初版発行
2023年3月24日　2刷発行

著　者　原 マサヒコ
発行者　野村直克
発行所　総合法令出版株式会社
〒103-0001 東京都中央区日本橋小伝馬町15-18
ユニゾ小伝馬町ビル9階
電話 03-5623-5121（代）

印刷・製本　中央精版印刷株式会社

落丁・乱丁本はお取替えいたします。

ISBN 978-4-86280-736-6
総合法令出版ホームページ　http://www.horei.com/